ESTUDOS DO INSTITUTO DE DIREITO DO CONSUMO

VOLUME III

ESTUDOS DO INSTITUTO DE DIREITO DO CONSUMO

COORDENAÇÃO: LUÍS MENEZES LEITÃO

VOLUME III

ESTUDOS DO INSTITUTO DE DIREITO DO CONSUMO

COORDENAÇÃO
LUÍS MENEZES LEITÃO

EDITOR
EDIÇÕES ALMEDINA, SA
Rua da Estrela, n.º 6
3000-161 Coimbra
Tel.: 239 851 904
Fax: 239 851 901
www.almedina.net
editora@almedina.net

PRÉ-IMPRESSÃO • IMPRESSÃO • ACABAMENTO
G.C. – GRÁFICA DE COIMBRA, LDA.
Palheira – Assafarge
3001-453 Coimbra
producao@graficadecoimbra.pt

Outubro, 2006

DEPÓSITO LEGAL
249015/06

Os dados e as opiniões inseridos na presente publicação
são da exclusiva responsabilidade do(s) seu(s) autor(es).

Toda a reprodução desta obra, por fotocópia ou outro qualquer processo,
sem prévia autorização escrita do Editor,
é ilícita e passível de procedimento judicial contra o infractor.

APRESENTAÇÃO

A publicação do Anteprojecto do Código do Consumidor constitui naturalmente um momento relevante para o Direito do Consumo, justificando que a comunidade jurídica o analise em profundidade, aplaudindo ou criticando as soluções nele propostas.

Nesse objectivo, o Instituto do Direito do Consumo da FDL organizou no passado dia 8 de Junho de 2006, umas jornadas públicas onde foi amplamente discutido o Anteprojecto sob as suas mais diversas vertentes.

Nesta obra, reunem-se os textos de algumas das conferências então realizados, bem como outros contributos que o Instituto do Direito do Consumo foi recebendo sobre este tema.

Espera-se, através desta publicação, contribuir para uma maior discussão do Anteprojecto na esperança de que o Código que vier a ser aprovado represente uma nova era para o Direito do Consumo em Portugal.

Lisboa, 3 de Agosto de 2006

Luís Menezes Leitão

O ANTEPROJECTO DO CÓDIGO DO CONSUMIDOR E A PUBLICIDADE

José de Oliveira Ascensão

PARECER

SUMÁRIO

1. A busca duma sede para o Direito do Consumidor; **2.** O Direito Civil como Direito Comum do homem comum; **3.** A tendencial exaustividade; **4.** A consolidação por fotocópia. As definições; **5.** A degradação do *cives* em consumidor; **6.** O recurso à cópia em matéria de publicidade; **7.** A absorção do Direito da Publicidade pelo Anteprojecto; **8.** A orgânica e a disciplina das "comunicações comerciais"; **9.** A directriz sobre práticas comerciais desleais e agressivas; **10.** A relação entre publicidade e concorrência desleal; **11.** A posição do Anteprojecto; **12.** O vício da redução da publicidade a Direito do Consumidor; **13.** Síntese.

1. A busca duma sede para o Direito do Consumidor

Em 15 de Março de 2006 foi submetido a apreciação pública o Anteprojecto de Código do Consumidor. Resulta do trabalho de

10 anos duma "Comissão para a Reforma do Direito do Consumo e do Código do Consumidor", presidida por António Pinto Monteiro[1].

Não coube a essa Comissão decidir sobre a adopção ou não dum Código do Consumidor: essa decisão foi-lhe exterior e prévia. O objectivo da Comissão foi apenas o de dar corpo àquele desiderato.

Não houve pois espaço para um debate sobre a justificação dum Código do Consumidor em Portugal. É pena, porque dessa primeira opção depende tudo o resto. O debate só se pode pois realizar agora, não obstante o investimento pesado que representa sempre a elaboração dum Anteprojecto dum Código. Mas não há como evitá-lo.

Permitam-se-nos duas palavras sobre o Direito do Consumidor, em si.

Ao contrário de todos os outros ramos do Direito, o Direito do Consumidor tem uma data certa de nascimento: 15 de Março de 1962, data em que o Presidente Kennedy, dirigiu uma mensagem ao Congresso que principiava com esta frase: "Somos todos consumidores". Com ela nasceu e expandiu-se velozmente o Direito do Consumidor, como Direito de protecção do consumidor.

Isto, quaisquer que fossem as razões que tenham levado a que seja este o berço do Direito do Consumidor; nomeadamente, se o que se pretendeu directamente foi aumentar a confiança do consumidor e com isso aumentar a fluidez da sua participação no mercado.

A Comunidade Europeia emitiu numerosas directrizes dedicadas à protecção do consumidor. Frequentemente, foram directrizes dirigidas expressamente a esse domínio, mas podem também ser mistas. Em qualquer caso são fragmentárias, como é próprio da legislação comunitária, quando obedece ao princípio da subsidiariedade. Isso implica que os países se viram constrangidos a ir acolhendo aspectos parcelares e desligados entre si, sem terem oportunidade prática de ponderar unitariamente a matéria.

---

[1] Vejam-se os dados mais precisos constantes da publicação da "Comissão do Código do Consumidor" – *Código do Consumidor – Anteprojecto*, Ministério da Economia e Inovação, 2006, na *Apresentação* de Pinto Monteiro. Temos ainda presente, do mesmo, o discurso proferido na sessão de apresentação pública do Anteprojecto, tal como publicado na "Rev. de Legislação e de Jurisprudência", 135.º, n.º 3937, 190, com o título *"O Anteprojecto do Código do Consumidor"*.

O Anteprojecto do Código do Consumidor e a Publicidade   9

A ideia de elaboração dum Código do Consumidor só surge em momento mais tardio. O primado cabe ao Código de Defesa do Consumidor brasileiro de 1990. Explica-se pelas condições particulares resultantes da Constituição de 1988, que introduziu princípios novos que se não acomodavam ao Código Civil positivista de 1916; nem tão-pouco aliás ao Projecto de Código Civil de 1973. O Código do Consumidor insuflou assim princípios na ordem jurídica brasileira que iam muito além quer do Direito Civil vigente quer do projectado[2].

Seguiu-se o Código do Consumidor francês de 1993. Posteriormente, só lhe acresceu no ano passado o Código do Consumidor italiano.

São sem dúvida muito significativos. Mas não excluem uma linha alternativa. Essa linha manifestou-se na Holanda em 1992 e sobretudo na Alemanha, com a reforma do Código Civil consumada no alvorecer do séc. XXI. Consiste em reconduzir o Direito do Consumidor ao Direito Civil, integrando-o neste. A protecção do consumidor passaria a estar compreendida nos seus aspectos mais significativos no próprio Código Civil.

O debate repercutiu-se em Portugal. Manifestou-se em orientações divergentes, que opuseram nomeadamente Pinto Monteiro[3] e a Calvão da Silva[4], embora as pronúncias sejam demasiado recentes[5].

---

[2] Culminando este aliás com a publicação do novo Código Civil, em 2002 – que, não obstante os seus méritos, é francamente mais "antigo" que o Código do Consumidor de 1990!

[3] Cfr. os lugares referidos na nota 1.

[4] Cfr. *Bicentenário do Código Civil*, na Rev. Legisl. e Jurisprudência, 134.º, n.º 3930, 267, particularmente nos n.os 3.4 e 4.

[5] Também Carlos Ferreira de Almeida, no Relatório sobre a disciplina *Direito do Consumo* que apresentou no Concurso que para professor agregado (Universidade Nova de Lisboa, Julho de 2004), conclui que o Direito do Consumo (como prefere chamar, a nosso ver sem razão, porque nesse caso se integraria no Direito da Economia) é destituído de autonomia científica por carecer de objecto e método próprios (pág. 82). Desenvolve então o "Direito Privado do Consumo", nomeadamente as incidências deste sobre o Direito Civil, e termina com uma alternativa: ou o Direito do Consumo se subjectiviza numa concepção restritiva de consumidor, ou os critérios teleológicos predominam sobre os subjectivos. Segundo esta última tendência, que considera predominante, as normas de protecção estender-se-ão a outros agentes activos, mas então o Direito do Consumo diluir-se-á no Direito Comum, vítima do seu próprio êxito (págs. 210-212).

Não podemos, infelizmente, relatar este debate, porque nos levaria muito longe. Limitamo-nos por isso a apresentar de seguida as razões que sustentam a nossa posição.

2. O Direito Civil como Direito Comum do homem comum

A nossa posição de base assenta na concepção que temos do Direito Civil.

Entendemos este como o Direito Comum das pessoas comuns. É o Direito profundamente comunitário de que todos participamos, pelo simples facto de sermos pessoas, sem mais. É pois o direito de nós todos. Exprime uma comunidade de que emana e fornece por sua vez o cimento básico dessa comunidade[6].

A este núcleo fundamental pertence o Direito do Consumidor. Se "todos somos consumidores", o facto caracteriza-nos como pessoas comuns. O Direito que regula comummente o consumidor, atendendo apenas a essa qualidade, mergulha necessariamente as suas raízes no Direito Comum.

Qual o estatuto do Direito do Consumidor no Direito Civil, não está agora em causa. Não há que apurar se constitui um sub-ramo autónomo ou se se combina doutro modo com os ramos existentes. O que importa, como base da nossa progressão, é poder rejeitar as posições que constituem com o Direito do Consumidor um ramo diferenciado, em contraposição ao Direito Civil. Exigiriam um preço demasiado elevado, que consistiria em retalhar o corpo do Direito Comum. Não há que o pagar. O que é Direito Comum deve continuar unitário.

Aliás, a repercussão do Direito do Consumidor sobre o Direito Comum está bem à vista. Numerosos institutos se repercutem neste, as vendas de bens de consumo, a responsabilidade do produtor, as cláusulas abusivas, a integração da publicidade no conteúdo dos contratos, criam uma massa de problemas que, com maior ou menor nitidez, manifestam a ligação entre os dois sectores.

---

[6] Cfr. o nosso *Direito Civil – Teoria Geral*, I – *Introdução. As Pessoas. Os Bens*, 2.ª ed., Coimbra Editora, 2000, n.º 6, nomeadamente. Cfr. também o nosso *Concorrência Desleal. As grandes opções*, B.III.2 (no prelo).

Decerto, poderia haver outros modos de arrumação do material jurídico. Poderia nomeadamente criar-se um ramo que reunisse tudo o que respeitasse de algum modo ao consumidor, do Direito Penal ao Direito Fiscal. Essas matérias não pertencem ao Direito Civil nem teriam entrada neste. Não nos parece porém que a vantagem didáctica duma exposição conjunta do estatuto do consumidor ou a vantagem pragmática da reunião das fontes compense a perda dogmática da separação de matérias comuns. A divisão dos ramos de Direito baseia-se antes de mais na comunhão substancial, que permite a elaboração de princípios gerais.

Compreende-se que, perante o estado actual de desordem das fontes, a tendência para uma unificação sistemática num Direito do Consumidor seja grande. Mas a vantagem imediatista é superada pela desvantagem resultante da renúncia a realizar a arrumação da matéria que se justifica intrinsecamente.

Hoje podemos dizê-lo com segurança, perante o modelo que é representado pela reforma do BGB. Nós próprios temos criticado mais de uma vez a tendência de ir buscar as soluções da ordem jurídica alemã como se fossem a enteléquia imutável, a última palavra. Há que ser comedido e não perder o sentido crítico, nomeadamente o sentido das diferenças. Mas seria irracional, quando uma solução é coroada de êxito, não tirar a lição que se impõe.

Ora, a integração dos aspectos básicos do Direito do Consumidor no BGB foi primorosamente realizada. Não houve violência sobre o Código. Mais ainda, contam-se pelos dedos duma mão os preceitos que estabelecem regras específicas para os consumidores; a integração no BGB não pesou no corpo da lei civil.

Porquê assim? Porque muito do que está estabelecido a propósito do consumidor merece, bem vistas as coisas, ser generalizado. Surgiu na contingência casuística de intervenções em benefício do consumidor final, mas a justificação é geral. Deste modo, pode ser operada a generalização, modernizando o Código Civil e fazendo cessar o que não representa mais que privilégio injustificado do consumidor final. Teremos oportunidade de indicar na continuação várias situações desta natureza.

Só há um argumento contra a integração no Código Civil para o qual não encontramos resposta. Consiste em afirmar que não há, nas condições presentes, quem esteja à altura de realizar a tarefa delicadíssima de reformular o actual Código Civil. Se assim for, não temos resposta efectivamente, porque as consequências de intervir grosseiramente num monumento como o Código Civil poderiam ser desastrosas.

Mas, ainda que a objecção fosse verdadeira, o caminho a seguir não consistiria em recorrer a um Código do Consumidor.

O caminho seria então antes o de retomar a actual lei de defesa do consumidor e enriquecê-la com alguns retoques que lhe dêem maior coerência e permitam resolver questões instantes. O ponto de partida em Portugal até não foi mau, porque permitiu uma certa superação do mero casuísmo pelo estabelecimento dum enquadramento mínimo. Esse enquadramento pode ser mais uma vez reformulado e prosseguido. Entretanto, dar-se-ia tempo para preparar com bases seguras a reforma do Código Civil, ainda que planeada por etapas.

Isso não equivale a elaborar um Código do Consumidor. Desde logo, porque se desiste do carácter exaustivo de que aquele se pretendia revestir. Depois, porque há muitos aspectos no Anteprojecto que não podem ser aceites.

Como passamos a expor.

3. A tendencial exaustividade

Nesta pressuposição, há que passar a apreciar mais detidamente o conteúdo acolhido no Anteprojecto do Código do Consumidor.

Sabemos como representa tarefa hercúlea elaborar um código. A divergência de posições que vamos exprimir, que se adivinha radical, situa-se no terreno do debate intelectual, sem em nada atingir a consideração devida à Comissão que elaborou o Anteprojecto, particularmente ao seu Presidente, e em geral a todos os que sustentem posições diferentes.

A linha que norteia o Anteprojecto é a de conseguir uma codificação, praticamente exaustiva, do Direito do Consumidor.

As várias leis que toquem, de perto ou de longe, o Direito do Consumidor são integradas no novo diploma. São-no por vezes na totalidade, com revogação até dos diplomas preexistentes. Doutras vezes,

O Anteprojecto do Código do Consumidor e a Publicidade   13

esse diplomas são parcialmente mantidos, ou prevê-se a aprovação de diplomas complementares.

O Anteprojecto não se limita a disposições substantivas. Contém disposições orgânicas; disposições penais (bem como de ilícito de mera ordenação social); bem como disposições processuais. O consumidor seria o pólo, em torno do qual se agruparia tudo o que lhe respeitasse.

O Anteprojecto procurariam congregar de maneira tendencialmente completa (mas não exaustiva, diga-se desde já) a legislação existente sobre Direito do Consumidor.

Divide-se em quatro títulos:

I – Disposições gerais
II – Dos direitos do consumidor
III – Do exercício e tutela dos direitos
IV – Das instituições de defesa e promoção dos direitos do consumidor.

Este último título, pela sua índole e pela precariedade a que nos habituámos nas orgânicas legais, dificilmente se admite como objecto dum código. Ficaria muito melhor como objecto dum diploma complementar. E não se diga que assim se perdia a vantagem da facilitação do acesso à lei vigente que se pretende, primeiro porque um código não se propõe como finalidade regular exaustivamente um ramo de direito, antes contém os princípios essenciais deste; segundo, porque o próprio Anteprojecto deixa subsistir muita matéria relativa ao consumidor que não se considera ter a estabilidade ou a índole adequada para ser matéria de código.

O elemento propriamente tradutor da intenção codificadora estaria na título III, "Do exercício e tutela dos direitos". Aí se regulam as "infracções contra os interesses dos consumidores" (capítulo I) e se inserem "disposições processuais civis" (capítulo II). Mas é duvidoso que se possa falar na formulação duma disciplina unitária, uma vez que o essencial no capítulo das infracções consiste na previsão típica dos crimes e contra-ordenações correspondentes a infracções às figuras contempladas no Anteprojecto, sem que seja visível que daí se possam extrair orientações gerais.

Inserem-se também nos arts. 534 e seguintes disposições processuais. Delas resulta o estabelecimento dum processo especial.

Temos as maiores dúvidas quanto à conveniência de a todo o propósito multiplicar os processos especiais, seja com fundamento na maior celeridade que se pretende imprimir ao processo seja com qualquer outro. O resultado consiste normalmente na complicação do processamento e na perda afinal da celeridade desejada, porque estes processos não correm mais depressa que os outros. Havia antes que aperfeiçoar o corpo das regras de processo civil e não estabelecer remendos caso por caso. O Anteprojecto não escapa a esta tendência geral, que é brilhante no papel e modesta nos resultados. É pena.

A reacção normal ao ilícito contra o consumidor consiste na contra-ordenação. Esta é privilegiada claramente, em relação à incriminação. Mantém-se assim a orientação vinda já de leis anteriores. Não são porém visíveis os critérios que estão subjacentes à divisão das infracções sancionadas como crime ou como contra-ordenação.

Adiante acentuaremos ainda outros aspectos.

O âmago do Anteprojecto estaria no título II, "Dos direitos do consumidor".

Mas aqui verifica-se que o Anteprojecto, mais que uma codificação, realiza essencialmente uma consolidação da legislação existente, com o acrescento de algumas matérias harmonizadas por fontes comunitárias que não haviam sido ainda objecto de transposição.

4. A consolidação por fotocópia. As definições

Se a autonomização da matéria da defesa do consumidor num Código do Consumidor merece crítica, muito maior é a crítica que merece o modo como essa autonomização foi realizada.

A consolidação, tal como a transposição, são feitas na maior parte dos casos de modo literal. Copia-se literalmente a fonte preexistente ou a previsão comunitária, com muito escasso contributo adaptador ou esclarecedor por parte do Anteprojecto. Copiam-se os erros já detectados na legislação anterior sem esforço de melhoria, tal como se copiam as disposições comunitárias, com as definições e tudo.

Há aqui uma incompreensão do que representa uma fonte comunitária, em se tratando de uma directriz.

As fontes comunitárias são tecnicamente direito excepcional. Regulam apenas a matéria a que directamente visam, sem a pretensão de contribuir para um sistema coerente de princípios que possa servir depois como fonte de solução de casos não contemplados.

Por isso, precisam de delimitar com rigor a matéria a que se aplicam; porque só harmonizam pontos específicos, nada mais. Isso se faz por meio de definições, próprias aliás de cada diploma e que podem variar no diploma seguinte. Não há contradição; a definição demarca o que se chama o "domínio coordenado".

Seja-nos permitido aproximar este sistema do de *common law*. Também aí, as leis são excepcionais. As bases da ordem jurídica encontram-se nos precedentes judiciais[7]. Por isso cada lei contém a sua lista de definições, para circunscrever precisamente a matéria a que se aplica. Tudo o que não for abrangido por elas não é regulado pelo *statute*, mas pelo *common law*.

O recurso, nestes sistemas, a listas de definições, por vezes longuíssimas, não é deficiência técnica, é pelo contrário manifestação da índole dos sistemas.

Que dizer porém quando o legislador português, transpondo directrizes, transpõe também as definições delas constantes?

Há definições que são indispensáveis para se compreender a matéria regulada. Justifica-se pois que, nesses casos, se vença a prevenção de que *omnis definitio in iure periculosa est* e se defina cuidadosamente o que o requer. Mas mesmo então, há duas orientações básicas a ter presentes:

1. Transpor não é copiar. Pode o legislador português definir de maneira diferente a matéria, quando entender que tal é mais correcto ou mais consentâneo com a índole da nossa ordem jurídica. O decisivo é que o regime comunitário seja observado. Ou seja, que com aquelas palavras ou outras o regime da directriz passe a vigorar no ordem jurídica portuguesa.

---

[7] A que acresceriam uns teóricos costumes dos povos.

2. No sistema português a lei é fonte geral, que concorre para a formação dos princípios do sistema. Representa um **grave erro** copiar das directrizes comunitárias limitações dela constantes, como definir "para efeitos da presente directriz". As fontes comunitárias, porque excepcionais, só regulam no âmbito da matéria abrangida pelo diploma. Mas na ordem portuguesa a situação é exactamente a contrária. Uma definição é geral, salvo razões muito particulares que levem a definir para uma situação particular[8]. Por isso, quando numa lei ou decreto-lei de transposição se define "para os efeitos deste diploma" erra-se gravemente.

A situação é ainda mais chocante quanto se procede assim em diplomas que representam a base dum instituto na ordem jurídica portuguesa. Está-se a regular como se fosse para os efeitos daquela lei ou decreto-lei – e não para trazer um contributo geral à nossa ordem jurídica!

De qualquer modo, nestes casos e com estas ressalvas, é correcto recorrer a definições no nosso sistema.

Mas o princípio geral é exactamente o contrário. Deve-se fugir de definições, quando elas não forem indispensáveis. Pelo que muitas definições constantes de diplomas comunitários devem ser simplesmente omitidas na transposição para a lei portuguesa.

Não se procede assim no Anteprojecto, chegando-se a situações que podem ser qualificadas como caricatas.

Daremos como exemplo a transposição que aquele realiza da Directriz n.º 05/29, de 11 de Março, sobre práticas comerciais desleais e agressivas. Mas é matéria que retomaremos mais tarde.

---

[8] O que representaria em qualquer caso, note-se, má técnica legislativa, porque esse efeito se deve obter demarcando o âmbito do regime estabelecido e não manipulando a definição.

O Anteprojecto do Código do Consumidor e a Publicidade

5. A degradação do *cives* em consumidor

Mas há sempre mais – e pior.

O Anteprojecto, como dissemos, procede à consolidação por foto-cópia, em geral, dos diplomas preexistentes em que encontrou matéria que considerou ser de Direito do Consumidor.

Mas esses diplomas, com frequência, contêm outras disposições que são gerais – e não apenas de Direito do Consumidor.

Damos como exemplo o Dec.-Lei n.º 275/93, de 5 de Agosto, sobre o *direito real de habitação periódica*. Essa matéria passaria a ser regu-lada nos arts. 325 a 353 do Código do Consumidor. Mas o que se regula é, antes de mais, o regime geral desse direito – o seu âmbito, a sua incom-patibilidade com a constituição doutros direitos reais, a duração e assim por diante. Quer dizer, é o regime básico dum direito real que passaria a constar do Código do Consumidor e não do Código Civil!

E isto é ainda agravado, considerando que se indica na *Apresen-tação* do Anteprojecto que o Dec.-Lei n.º 275/93 seria apenas parcial-mente revogado. No entanto, aquele regime básico constaria do Código do Consumidor, e não do diploma parcialmente mantido em vigor![9]

Mais impressionante é ainda o que respeita às *cláusulas contra-tuais gerais*.

Representam um muito importante instituto do Direito Civil, com uma regulação já relativamente antiga mas renovada (e perturbada) por aditamentos posteriores.

Todavia, essa matéria é praticamente transposta na sua essência para o Código do Consumidor; e o Dec.-Lei n.º 446/85, de 25 de Outu-bro, seria revogado.

Não vale a pena chamar a atenção para as incongruências e imper-feições que foram entretanto detectadas naquele diploma e que são mantidas tal qual não obstante esta transposição[10].

---

[9] O mesmo haverá que dizer dos *direitos de habitação turística*, regulados nos arts. 354 a 360, mas aí sem sequer se dar a indicação quanto ao propósito de manter ou revogar a numerosa legislação que regula os direitos de habitação em empreen-dimentos turísticos.

[10] Assim, o art. 219 *c* mantém a regra do art. 18 *c* do Dec.-Lei n.º 446/85, de 25 de Outubro, que proíbe as cláusulas contratuais gerais que excluam ou limitem, de

Basta chamar a atenção para o facto de o Código do Consumidor passar a regular, quer estas cláusulas nas relações com consumidores (arts. 221 e seguintes), quer em todos os outros casos, nomeadamente nas relações entre empresários ou entidades equiparadas (arts. 218 e seguintes)!

Isto sem aprofundarmos o que representa o carácter ficcioso de semelhante divisão, pois não há na realidade sequer nenhuma disciplina *específica* das relações com consumidores: há uma disciplina *genérica* das cláusulas contratuais gerais (e das cláusulas abusivas) e uma disciplina específica, menos exigente, dessas cláusulas nas relações entre empresários e entidades equiparadas[11].

Mas assim distorce-se completamente a relação entre Direito Civil e Direito do Consumidor, qualquer que seja o núcleo deste.

O diploma básico do *cives* é o Código Civil. É aí que se regula e resguarda a vida comum e se consigna o regime correspondente à dignidade de cada pessoa, enquanto pessoa.

O Código do Consumidor surgiria agora a disputar esse espaço, trazendo um segundo regime comum, na realidade, mas norteado pela preocupação de proteger o consumidor.

Isto, que poderia aparentar ser destinado a exaltar a pessoa, tem exactamente o sentido contrário. A pessoa é degradada.

Deixa de surgir como o *cives*, como o cidadão de pleno direito, para aparecer antes como o *objecto* duma protecção especial, que é justificada pela sua qualidade de consumidor. Passou a representar algo menos do que valeria como pessoa, simplesmente.

---

modo directo ou indirecto, a responsabilidade por não cumprimento definitivo, mora ou cumprimento defeituoso, em caso de dolo ou culpa grave. Esta regra é aplicável ao consumidor (arts. 221 do Anteprojecto e 20 do Dec.-Lei, respectivamente). Mas a regra geral é a de que a exclusão da responsabilidade é naqueles casos proibidas: como se compreende então que o consumidor fique, perante cláusulas contratuais gerais, em situação pior que qualquer devedor, no que respeita à exclusão ou limitação da responsabilidade em caso de culpa leve? Houve quem considerasse que a previsão sobre c.c.g. revogava a lei geral, o que nos parece inadmissível. De todo o modo, perdeu-se a oportunidade de esclarecer esta situação.

[11] Cfr. o nosso *Direito Civil – Teoria Geral*, vol. III – *Relações e Situações Jurídicas*, Coimbra Editora, 2002, n.º 121.

6. O recurso à cópia em matéria de publicidade

Muito haveria que dizer ainda sobre as matérias gerais. Mas não podemos fazê-lo, pois temos de passar ao que é o nosso objecto especifico: o estatuto da publicidade.

O Anteprojecto do Código do Consumidor absorveria a matéria da publicidade.

Absorvê-la-ia praticamente na totalidade. Os arts. 84 e seguintes procederiam à integração do actual Código da Publicidade (Dec.-Lei n.º 330/90, de 23 de Outubro), salvo o que foi considerado como menos relevante. Este seria integralmente revogado (como aliás também a Lei n.º 6/99, de 27 de Janeiro, sobre publicidade domiciliária). Não se prevê legislação complementar nesta matéria, salvo no que respeita à constituição e funcionamento da prevista Entidade Reguladora das Comunicações Comerciais.

Além da criação desta entidade constam do Anteprojecto outras disposições relevantes em matéria de publicidade. É particularmente importante o que respeita à articulação que se estabeleceu entre esta matéria e a das práticas comerciais proibidas, reguladas a seguir no Anteprojecto. Estas revestem vários aspectos, como as práticas comerciais desleais, as enganosas, as agressivas, que surgem no âmbito da Directriz n.º 05/29, de 11 de Maio, sobre práticas comerciais desleais e agressivas. Serão sucessivamente contempladas.

A colagem é tão completa que mesmo disposições do Código da Publicidade cuja condenação estava já feita tomam tranquilamente o seu lugar no Anteprojecto.

Assim, na definição de publicidade, o art. 3/1 *b* do Código da Publicidade inclui o objectivo de "promover ideias, princípios, iniciativas ou instituições". Apenas escapou a propaganda política – "para os efeitos do presente diploma" (art. 3/3).

É uma extensão inadmissível, que confunde o objectivo comercial com o debate e a difusão de ideias. Só se compreende num regime totalitário, em que se procure o controlo do debate das ideias sob a capa da disciplina da publicidade.

Por isso, o Dec.-Lei n.º 7/04, de 7 de Janeiro, que regula o comércio electrónico, tomou já a posição oposta. Ao regular as comunicações publicitárias em rede, exclui expressamente da categoria as "mensagens destinadas a promover ideias, princípios, iniciativas ou instituições". Pareceria assim que o movimento de revisão estava lançado, de maneira a com o tempo levar à eliminação daquela anomalia do Direito português.

O Anteprojecto do Código do Consumidor ignora tudo isto. O art. 86/1 *a* continua imperturbavelmente a incluir na publicidade a comunicação feita com o objectivo de "promover ideias, princípios, iniciativas ou instituições"!

Mais ainda: traz-se efectivamente a definição de publicidade. Mas essa definição, nos termos do art. 86/1, é "para os efeitos da presente secção"! A secção em causa é a "Da Publicidade" (arts. 84 e seguintes). Leva-se até ao fim a subordinação à Directriz n.º 84/450, de 10 de Setembro, sobre publicidade enganosa e comparativa, que fixa as suas definições, de publicidade inclusive, "na acepção da presente directiva".

Temos então esta consequência espantosa: o Anteprojecto absorve a matéria da publicidade. Passa a ser a sede desta matéria na ordem jurídica portuguesa. Mas a definição que dá de publicidade é tão-somente válida no interior da secção em que se integra. Não é a noção da ordem jurídica portuguesa, é uma noção contingente no âmbito daquelas regras!

Eis um resultado que nos permitimos considerar incompatível com a índole da ordem jurídica portuguesa.

Outra manifestação do mesmo cariz encontra-se no art. 121/2 do Anteprojecto, relativo aos "direitos de autor" sobre a "criação publicitária". Aí se determina que "os direitos de carácter patrimonial sobre a criação publicitária presumem-se, salvo convenção em contrário, cedidos em exclusivo ao seu criador intelectual".

Esta disposição fotocopia o art. 29/2 do Código da Publicidade.

Acontece porém que não houve jurista, por mais ladino, que conseguisse encontrar um sentido para este art. 29/2[12].

---

[12] Nem aliás para os n.ᵒˢ 1 e 3. O n.º 1, dizendo que "as disposições legais sobre direitos de autor aplicam-se à criação publicitária", é lapalissiano: pois se é uma *criação* publicitária! O n.º 3, declamando "ilícita a utilização de criações publicitárias sem a autorização dos titulares dos respectivos direitos", é de uma banalidade confrangedora.

No nosso *Direito de Autor e Direitos Conexos*[13] escrevemos a este propósito.

"O art. 29 do Código da Publicidade, aprovado pelo Decreto-Lei n.º 330/90, de 23 de Outubro[14], sob a epígrafe "criação publicitária", contém disposições em matéria de direito de autor sobre obra publicitária que são um mimo.

O n.º 1 faz aplicar as disposições legais sobre "direitos" de autor, "sem prejuízo do disposto nos números seguintes". Vejamos então qual o regime especial.

Dispõe o n.º 2: "Os direitos de carácter patrimonial sobre a criação publicitária presumem-se, salvo convenção em contrário, cedidos em exclusivo ao seu criador intelectual".

Lê-se e não se acredita. Pressupõe-se que os direitos são de outrem que não o criador intelectual. Presume-se que este os cede ao criador intelectual; logo, o criador intelectual fará uma aquisição derivada. Dir-se-ia que se queria beneficiar a empresa de publicidade na exploração sem peias da obra publicitária. Pois saiu exactamente o contrário.

E está agravado por se referir unicamente aos direitos de carácter patrimonial. Os de carácter pessoal, que são os que mais respeitariam ao criador intelectual, parece que lhe não são atribuídos.

Por outro lado, não se pode pretender que o preceito se limita a estabelecer a presunção de que os direitos pertencem ao criador intelectual e não àquele para quem o criador produz, por afastamento dos arts. 14 e 15 CDADC. Pois que dos arts. 14 e 15 consta exactamente a mesma presunção em benefício do criador intelectual.

Perante isto, pode pôr-se a hipótese de uma interpretação ab-rogante. O legislador terá, por lapso, referido o criador intelectual quando queria referir o comitente – ou mais genericamente, aquele a quem a obra se destina. Observamos todavia que nem assim o resultado é inteiramente satisfatório, porque a lei fala numa presunção de cessão, que faria supor uma atribuição derivada, quando vimos atrás que a aquisição, mesmo pelo comitente, é uma aquisição originária".

---

[13] Coimbra Editora, 1992, n.º 368 II.

[14] Diploma emanado do Ministério do Ambiente e Recursos Naturais (!).

Havia assim sobradas razões para que um Código do Consumidor se abstivesse de regular deste modo os "direitos de autor". Mas não. O art. 29 é reproduzido no art. 121 do Anteprojecto, e neste caso *ipsis verbis*.

7. A absorção do Direito da Publicidade pelo Anteprojecto

Qual é então, em globo, a posição tomada pelo Anteprojecto, em relação à publicidade?

É a da absorção pura e simples da publicidade. Toda esta matéria passaria a ter como sede o Código do Consumidor: este seria o diploma regulador básico da publicidade na ordem jurídica nacional. Não interessa que muitos preceitos reguladores nada tenham que ver com a protecção do consumidor. Sirva a *publicidade comparativa* como exemplo: seja qual for a valoração que mereça, é muito mais favorável que desfavorável ao consumidor. Esta seria igualmente regulada no Anteprojecto (art. 101), mais uma vez mediante praticamente o processo da fotocópia.

A situação é até particularmente impressionante, por em muitos aspectos a própria lei revelar que tem em conta, com as reservas que fez à publicidade comparativa, a protecção dos concorrentes e não a protecção dos consumidores. Vejam-se por exemplo as als. *f* e *h* do art. 101, que categoricamente têm em vista a protecção dos concorrentes, que nominam até, e são ou podem ser indiferentes para os consumidores.

Generalizando, e fazendo o confronto da matéria da publicidade constante das leis anteriores e do Anteprojecto, observamos que só há em geral pequenas e pouco significativas mudanças sobre o *statu quo*.

Isto não significa que se tenha atingido o objectivo de regular integralmente a matéria da publicidade, pelo menos num âmbito satisfatório.

É o que se passa com a publicidade não solicitada em rede informática, conhecida vulgarmente por SPAM.

A matéria tinha sido objecto de intervenções a nível comunitário, quer através da Directriz n.º 00/31 sobre comércio electrónico, quer posteriormente mediante a Directriz n.º 02/58, de 12 de Julho, sobre privacidade das comunicações electrónicas.

O Dec.-Lei n.º 7/04, de 7 de Janeiro, realizou a transposição para o Direito português da Dir. n.º 00/31 e, parcialmente, da Dir. n.º 02/58.

Aproveitando a permissão constante da primeira directriz, aquele diploma inverteu a posição até então tomada pela lei portuguesa sobre SPAM. Em vez do sistema do *opt out*, que é inoperante, instituiu o sistema do *opt in*: a publicidade só poderia ser endereçada, em rede, a quem o solicitasse (art. 22), salvas as restrições aí contempladas.

Tratava-se porém de uma posição transitória, pois a posição definitiva seria assumida com a transposição da Directriz n.º 02/58.

O Anteprojecto contempla esta matéria, que é também relativa à publicidade, mas de modo manifestamente insuficiente.

O art. 114 limita-se a dispor: "É proibida a publicidade por telefone, por telecópia e por correio electrónico, salvo quando o destinatário a autoriza antes do estabelecimento de comunicação". Fora disso só encontramos o art. 115, que é genérico, pelo que se aplica também à publicidade em rede.

A matéria merecia porém outro desenvolvimento, porque há outros interesses implicados que assim o exigem.

Observe-se ainda que a absorção tendencial da matéria da publicidade não significa que toda essa matéria esteja compreendida na secção do Anteprojecto que tem por epígrafe "Da Publicidade" (arts. 84 e segs.). Encontram-se mais disposições esparsas por outros lugares – além do que se disse já sobre as práticas comerciais proibidas. Por exemplo, os arts. 352 e 353 do Anteprojecto regulam a publicidade relativa a direitos reais de habitação periódica.

A esta correspondência fundamental há todavia que ressalvar dois aspectos importantes.

I – Por um lado, no que respeita à orgânica, prevêem-se alterações.

Embora não seja ponto que particularmente nos interesse, será objecto de breve análise específica adiante.

Observamos que essas alterações se estendem ainda a outros aspectos complementares, que vão além da orgânica em sentido estrito.

II – Por outro lado, houve que proceder a opções maiores para efeitos da conjugação da publicidade enganosa, sobretudo, com o regime resultante da Directriz n.º 05/29, de 11 de Maio, sobre as práticas comerciais desleais e agressivas.

Estes aspectos exigirão um exame mais aprofundado.

8. A orgânica e a disciplina das comunicações comerciais

Todo o título IV do Anteprojecto tem por epígrafe "Das Instituições de Defesa e Promoção dos Direitos do Consumidor"[15].

Já manifestámos a nossa perplexidade quanto à integração desta matéria num Código do Consumidor. A estruturação orgânica é algo de demasiado cartilagíneo para ser objecto dum código, até pela ânsia dos políticos em apresentarem sempre a própria fórmula milagrosa a substituir a que existe.

O que se passa em matéria de publicidade é por demais ilustrativo desta asserção. A orgânica tem variado constantemente, com os inúmeros custos, antes de mais em desperdício de actividade, que tanta volatilidade acarreta.

O Anteprojecto insere agora um ambicioso e complexo Sistema Português de Defesa do Consumidor. Pomos as maiores ressalvas à sua justificação. Mas vamos concentrar-nos no que respeita directamente à publicidade.

Neste domínio, além das repercussões do sistema geral – que, por ser dedicado ao consumidor, se ajusta menos à publicidade – acentuaremos sobretudo dois aspectos.

I – A previsão da Comissão de Aplicação de Coimas em Matéria Económica (CACME)

É prevista nos arts. 678 a 680 do Anteprojecto.

A aplicação das coimas em matéria de publicidade tem divagado pela competência de numerosas entidades, desde uma Comissão de Aplicação de Coimas em Matéria de Publicidade à Inspecção-Geral das Actividades Económicas, e do Instituto do Consumidor a uma Comissão de Aplicação de Coimas em Matéria Económica e de Publicidade. Agora, ao menos aparentemente, unifica-se a aplicação de todas as coimas previstas no Anteprojecto.

---

[15] Arts. 654 a 708.

O Anteprojecto do Código do Consumidor e a Publicidade 25

Recebemos com reservas esta solução. Por um lado, porque o domínio das contra-ordenações em matéria económica é uma galáxia em plena expansão, o que torna desmesurado o âmbito de competência da Comissão. Mas sobretudo, pela razão substantiva de a publicidade não abranger apenas matéria relativa ao consumidor. Isso torna problemática a adequação da Comissão para dominar a problemática dum sector em que a lógica da protecção do consumidor só parcialmente releva.

Não podemos ir muito mais longe. O art. 678 limita-se a prever a CACME e a remeter para lei especial a composição e a competência da Comissão. Fica tudo praticamente em aberto.

II – A previsão da Entidade Reguladora das Comunicações Comerciais

O art. 677/1 do Anteprojecto atribui a fiscalização do cumprimento das normas de defesa do consumidor, "entre outras entidades", à Autoridade de Segurança Alimentar e Económica (ASAE) e à Entidade Reguladora das Comunicações Comerciais (ERCC).

O art. 122/1 prevê que essa entidade, integrada no Ministério da Economia, tem "funções de regulação, supervisão e acompanhamento da actividade de comunicações comerciais e, em particular, detém competência para fiscalizar o cumprimento das normas constantes desta secção, instruindo os processos contraordenacionais e aplicando coimas e sanções acessórias". De resto, remete para lei especial (art. 122/2).

É muito pouco. Mas ainda assim ficamos a saber que:

– a ERCC não tem apenas a função de fiscalização a que se refere o art. 677.
– a competência da CACME não é afinal exclusiva, ao contrário do que resultaria do art. 678.

De resto, ignora-se tudo sobre esta entidade.

Não sabemos se a ERCC é uma entidade administrativa independente. Possivelmente sê-lo-ia, porque está na moda a criação de semelhantes entidades, no acolhimento pressuroso de exemplos norte-americanos. Temos as maiores dúvidas quanto aos benefícios da proliferação de entidades independentes. Têm como preço a redução sucessiva dos meios normais na hierarquia dos órgãos governativos. A redução de instrumentos ao dispor daqueles órgãos centrais, somada ao que resulta já das limitações comunitárias, torna aqueles cada vez mais inoperantes, por efectiva falta de meios. Estamos na situação paradoxal dum Poder a quem se exige cada vez mais, quando tem cada vez menos instrumentos e espaço de manobra para levar a bom termo a tarefa.

Por outro lado, a experiência ensina que estas entidades são seguramente caras, mas só hipoteticamente são na verdade independentes.

Nem o nome atribuído à Comissão ajuda.

"Comunicações Comerciais" é termo consideravelmente ambíguo.

O único sentido não enganador de *comunicação comercial* seria o de uma comunicação emitida no exercício do comércio. O pedido de informação duma empresa à sua fornecedora seria uma comunicação comercial, tal como o seria a reclamação sobre o modo de execução do contrato.

Mas, por via comunitária, surge uma noção espúria de comunicação comercial.

É assim que os arts. 6 a 8 da Directriz n.º 00/31, de 8 de Junho, regulam as "comunicações comerciais", que são definidas como "todas as formas de comunicação destinadas a promover, directa ou indirectamente, mercadorias, serviços ou a imagem duma empresa..." (art. 2 *f*).

Na transposição para o Direito português, considerámos que o que estava em causa era a publicidade em rede, que nada lucrava com ser qualificada "comunicação comercial". Consequentemente, os arts. 20 a 23 do Dec.-Lei n.º 7/04, de 7 de Janeiro, regulam as *comunicações publicitárias em rede*.

Não procede assim o Anteprojecto. A entidade que se prevê denomina-se "Entidade Reguladora das Comunicações Comerciais". Não é nada elucidativo quanto ao conteúdo que se quer atribuir.

A ir por diante a entidade projectada, deveria pelo menos adoptar uma designação mais transparente aos olhos do público. Não será necessário acentuar que os conceitos e qualificações utilizados em instrumentos comunitários não são vinculativos para o legislador português. Vinculativo é apenas o regime (harmonizado) que põem em vigor.

Por todas estas razões, temos as maiores dúvidas quanto à oportunidade da magna constelação orgânica que é esboçada. O vazio das

O *Anteprojecto do Código do Consumidor e a Publicidade* 27

previsões, com a remissão do essencial para leis especiais, só aumenta a nossa inquietação.

9. A directriz sobre práticas comerciais desleais e agressivas

O Anteprojecto de Código do Consumidor viu-se confrontado com a necessidade da transposição da Directriz n.º 05/29, de 11 de Maio, sobre práticas comerciais desleais e agressivas.

As directrizes comunitárias sobre Direito do Consumidor podem ser mistas: tratam em geral de uma matéria e, a esse propósito, versam os aspectos relevantes da protecção do consumidor. É o que se passa, por exemplo, com a referida directriz sobre o comércio electrónico. Mas podem ser também intervenções inteiramente dedicadas ao direito do consumidor. É o caso da Directriz n.º 99/44, de 25 de Maio, relativa à venda de bens de consumo e garantias relativas.

A Directriz n.º 05/29, sobre práticas comerciais desleais e agressivas, é exaustivamente uma directriz sobre protecção do consumidor. Na sua própria epígrafe se restringe às "práticas desleais das empresas face aos consumidores". Não podia assim deixar de ser considerada no Anteprojecto do Código do Consumidor.

Mas isto obrigava a defrontar um problema, e grave problema, em matéria de publicidade. Particularmente no que respeita à publicidade enganosa. É ponto que será considerado especificamente mais tarde.

Como procede o Anteprojecto neste domínio?

Da maneira normal – reproduzindo.

E a fotocópia é tão extrema que se vão acolher as definições da directriz, por mais espantosas que sejam – contra o que dissemos já ser o significado divergente da *definição*, no nível comunitário e na ordem interna.

É assim que o Anteprojecto sente a necessidade de definir *código de conduta* (art. 132/4), seguindo a definição do art. 2 *f* da directriz – como se houvesse uma noção de código de conduta diferente em matéria de práticas comerciais desleais e agressivas!

Define *decisão de transacção* (art. 130 *c*), seguindo servilmente o art. 2 *k* da directriz. E isto "para o efeito do disposto na presente subsecção"!

Define *convite a contratar* (art. 133/4), copiando o art. 2 *i* da directriz, como se esta fosse uma noção específica da matéria das práticas comerciais desleais e agressivas.

O ponto máximo é atingido na definição de *diligência profissional*. Temos todos uma noção do que esta seja. Mas o art. 129/2 dispõe que se entende que "desrespeita os ditames da diligência profissional a prática comercial em que o profissional não siga o padrão de competência especializada e de cuidado que dele se pode razoavelmente esperar em relação ao consumidor, tendo em consideração os usos honestos praticados no respectivo âmbito de actividade e o princípio da boa fé". É uma definição inspirada na do art. 2 *h* da directriz e é realmente espantosa: mistura tudo, imperícia, contrariedade aos usos honestos, boa fé, relacionamento com consumidor, criando uma noção que só confunde e nada tem que ver com a diligência profissional como todos nós a entendemos.

10. A relação entre publicidade e concorrência desleal

A relação entre Concorrência Desleal e Direito da Publicidade oferece aspectos de equilíbrio instável, quer na ordem interna quer na ordem comunitária.

Na ordem jurídica portuguesa, os Códigos da Propriedade Industrial anteriores ao vigente (de 2003) consideravam como manifestação de concorrência desleal "os reclamos dolosos".

Com o advento da legislação sobre publicidade, passou a haver uma situação de sobreposição de previsões: uma vez que a principal regra do Código da Publicidade consistia na proibição da publicidade enganosa (além da falsa). A doutrina tentou de várias maneiras conciliar as previsões[16].

O Código da Propriedade Industrial de 2003 suprimiu a previsão dos reclamos dolosos do art. 317 do Código da Propriedade Industrial. Aparentemente, portanto, abandonava a matéria ao Direito da Publicidade. Observámos porém que a questão não ficava assim automatica-

---

[16] Cfr. o nosso *Concorrência Desleal*, Almedina, 2002, particularmente nos n.os 299 a 303.

mente resolvida, uma vez que a publicidade enganosa não deixou de ser atingida pela cláusula geral da concorrência desleal, referente à actuação contrária às normas e usos honestos[17].

Onde passou então a situar-se a sede da publicidade enganosa?

No Código da Publicidade, particularmente no art. 11, relativo à publicidade enganosa, cujo n.º 1 dispõe: "É proibida toda a publicidade que, por qualquer forma, incluindo a sua apresentação, e devido ao seu carácter enganador, induza ou seja susceptível de induzir em erro os seus destinatários, independentemente de lhes causar qualquer prejuízo económico, ou que possa prejudicar um concorrente".

Este trecho foi inspirado pela Directriz sobre publicidade enganosa e comparativa; mas suscita dificuldades consideráveis.

Que sentido tem a frase final: "ou que possa prejudicar um concorrente"? Então o critério para uma publicidade ser enganosa está em poder prejudicar um concorrente?

Além disso, se se torna relevante poder prejudicar um concorrente, volta a colocar-se a hipótese de se estar perante uma figura de concorrência desleal. Porque é em caso de concorrência desleal que é relevante a relação com os concorrentes.

Tudo isto tem muita importância. Mas há que observar que surgiram recentemente novos dados, constantes da directriz sobre práticas desleais e agressivas.

No ponto de vista da substância, haveria que debater se a matéria das práticas desleais e agressivas respeitava à Concorrência Desleal ou ao Direito do Consumidor. A designação induziria tratar-se de concorrência desleal. Poderia mesmo ver-se aqui um avanço sectorial e de eficácia duvidosa da Concorrência Desleal a nível comunitário – coisa que até então não fora possível fazer, dada a oposição do Reino Unido[18].

Mas não é assim, porque a directriz é categórica. A matéria das práticas desleais é referida expressa e integralmente ao Direito do Consumidor. Por isso, o Anteprojecto pode invocá-la em seu apoio quando integra esta matéria a título de transposição, na sua totalidade, no Código do Consumidor.

---

[17] Cfr. o nosso *Concorrência Desleal. As grandes opções* cit.
[18] Cfr. o nosso *Concorrência Desleal. As grandes opções* cit.

Mas a directriz sobre práticas desleais e agressivas contém mais que isto.

A directriz não se limita a trazer essas práticas para o domínio do Direito do Consumidor. Vai mais longe e altera a própria Directriz sobre publicidade enganosa e comparativa.

Assim, o art. 14 reformula o art. 1 da Directriz n.º 84/450, que passa a rezar: "A presente directiva tem por objectivo proteger os profissionais contra a publicidade enganosa e suas consequências desleais e estabelecer as condições em que a publicidade comparativa é permitida".

Confrontando com a anterior redacção, vemos que é eliminada a referência à protecção dos consumidores e do público em geral. A directriz sobre publicidade passa a proteger exclusivamente os profissionais.

Isto significa que a Directriz sobre publicidade foi afastada do Direito do Consumidor. Com isto propicia-se, a nível comunitário, o reacender do debate sobre uma eventual pertença da matéria à Concorrência Desleal, por regular as relações entre profissionais.

11. A posição do Anteprojecto

E qual o posicionamento do Anteprojecto português?

Já sabemos: este transferiria integralmente a legislação sobre publicidade para o Código do Consumidor, tenha ou não tenha que ver com o consumidor. Isto permite-lhe ainda prever a revogação integral do Código da Publicidade[19]. Mas vejamos mais em pormenor como lida com a publicidade enganosa.

Ao transpor, de modo praticamente literal, o Código da Publicidade para o Anteprojecto, depara com o art. 11 daquele, respeitante à publicidade enganosa. Do n.º 1 consta, recorde-se, o trecho final de frase: "ou que possa prejudicar um concorrente".

O Anteprojecto procede então à grande mudança. Todo o longo art. 11 sobre publicidade enganosa é suprimido. O art. 95, que lhe

---

[19] Cfr. a *Apresentação* do Código do Consumidor, n.º 7.1.

O Anteprojecto do Código do Consumidor e a Publicidade 31

corresponderia, mantém a epígrafe "Publicidade enganosa", mas passa a limitar-se ao texto seguinte:

> "1. É proibida a publicidade que constitua uma prática comercial enganosa, em conformidade com o disposto nos artigos 132.º e seguintes deste Código.
> 2. O disposto no número anterior aplica-se, com as devidas adaptações, à publicidade dirigida a profissionais".

Será pois no âmbito das práticas enganosas, na transposição quase literal da directriz sobre práticas desleais e agressivas, que haverá que procurar a disciplina da publicidade.

Sejam-nos permitidas a este propósito algumas observações.

O Anteprojecto deixa totalmente por resolver o problema, atrás assinalado, do relacionamento desta matéria com a concorrência desleal. A cláusula geral do art. 317 do Código da Propriedade Industrial continua a ser aplicável à publicidade enganosa, porque esta é um modo desleal de fazer concorrência num ramo de actividade económica. A sobreposição continua a exigir uma solução, para a qual o Anteprojecto não dá nenhum apoio.

A integração de toda a publicidade na legislação do consumidor é consumada com a opção do art. 95/2 do Anteprojecto: as disposições sobre práticas comerciais enganosas são aplicáveis, "com as devidas adaptações", à publicidade dirigida a profissionais. Como se transformou o Direito da Publicidade em Direito do Consumidor, fica em aberto a situação da publicidade dirigida a profissionais. O art. 95/2 resolve, estendendo disposições, em si justificadas como de protecção ao consumidor, à publicidade dirigida aos profissionais.

É uma má técnica. O Código exorbita mais uma vez do domínio da protecção do consumidor. Sobrecarrega a prática com a descoberta das "devidas adaptações". Tudo porque tomou a opção de transformar o Direito da Publicidade em Direito do Consumidor, criando inutilmente um problema cuja solução atira para os outros[20].

---

[20] A generalização do art. 95/2 cria aliás as maiores perplexidades. Então as disposições anteriores, que contêm os quadros básicos da publicidade, não são genéricas, porque não foram estendidas a profissionais? Tudo isto é consequência da infeliz

Mas é a própria opção, de transformar o Direito da Publicidade em Direito do Consumidor, que deve ser directamente criticada.

Ao fazê-lo, o Anteprojecto, com consciência ou sem ela, coloca-se na contra-mão do Direito Comunitário.

A Directriz n.º 05/29, como vimos, toma expressamente a posição de afastar o Direito da Publicidade do Direito do Consumidor, ao alterar o art. 1 da Directriz sobre publicidade enganosa e comparativa.

O Anteprojecto, muito pelo contrário, reduz integralmente o Direito da Publicidade a Direito do Consumidor.

Não seremos nós quem critica o facto de a lei portuguesa tomar uma opção sistemática, com reflexos importantes de fundo, diferente da que resulta das fontes comunitárias. É o sinal de que estamos vivos. A vinculação comunitária traduz-se na obtenção de resultados equivalentes, e não na subserviência em relação à técnica, frequentemente muito defeituosa, adoptada pela directriz.

12. O vício da redução da publicidade a Direito do Consumidor

Mas é claro – cada solução tem que se justificar por si. E essa justificação falha de todo na posição do Anteprojecto.

A disciplina das práticas desleais não está destinada a ser a disciplina geral da publicidade, nem mesmo a disciplina particular da publicidade enganosa. A problemática específica da publicidade escapa-lhe. A resolução das questões da publicidade enganosa através da integração nas práticas comerciais enganosas perde de vista os elementos específicos da publicidade. Já não é só a publicidade dirigida a profissionais que não encontra soluções adequadas, é toda a publicidade enganosa, porque aquelas disposições não abrangem a diferença específica desta matéria.

Isto, afinal, apenas prolonga num caso específico um vício geral. Esse vício consiste em ter-se transformado o Direito da Publicidade em Direito do Consumidor.

---

opção de transformar o Código do Consumidor no diploma básico sobre o Direito da Publicidade.

O Anteprojecto do Código do Consumidor e a Publicidade

Trata-se de uma regressão, e de uma regressão profunda. A publicidade desenvolvera-se como ramo autónomo, perfeitamente justificado. Forçá-la agora a enquadrar-se na redoma unilateral da protecção do consumidor é fazer perder substância à matéria, pela secundarização de todas as outras questões específicas que comporta.

Por isso, o afastamento pelo Anteprojecto da orientação comunitária é grave. Não há estrutura que suporte que o Direito da Publicidade, como Direito autónomo regulador duma importante actividade social, fique reduzido a um apêndice do Direito do Consumidor. A opção está errada. Uma coisa é proteger o consumidor em relação à publicidade, contra os excessos de que pode ser vítima, outra submeter toda a grande riqueza do Direito da Publicidade ao esquema unilateral do Direito do Consumidor.

Isto tem ainda a consequência nociva de pôr em risco, por lhes tirar a base, os esforços tão promissores que têm sido feitos para enquadrar a matéria da publicidade na Teoria Geral do Direito. Esses esforços em nada estão ligados ao Direito do Consumidor. Se a publicidade é absorvida pelo Direito do Consumidor, os juristas passarão a interrogar-se sobre a validade dos pressupostos em que assentavam.

Podemos dar dois exemplos, entre outros possíveis:

– a querela do *dolus bonus*, que vai até à aceitabilidade da figura perante práticas promocionais que surgem como socialmente adequadas.
– a integração da mensagem publicitária no conteúdo dos negócios jurídicos.

Particularmente, esta última é uma grande questão. Não está dependente da protecção do consumidor. Há que examinar os pressupostos de semelhante integração, da possibilidade de a outra parte se valer dos termos da mensagem publicitária. A questão não admite soluções simplistas e exige análise aprofundada[21].

---

[21] Cfr. sobre matéria o nosso *Direito Civil – Teoria Geral*, II – *Acções e Factos Jurídicos*, 2.ª ed., Coimbra Editora, 2003, n.º 167 III.

Note-se que o Anteprojecto não ignora esta matéria. Regula-a no art. 185, aliás de maneira mais aperfeiçoada até que a constante do art. 7/5 da Lei n.º 24/96 (Defesa dos Consumidores). Mas continuam a fazer-se sentir os efeitos negativos da confusão de um problema geral com a específica protecção do consumidor.

É verdade que o art. 185/1 refere de modo aparentemente geral "as informações concretas e objectivas contidas nas mensagens publicitárias...". Porém, logo no n.º 2 se prevêem os contratos que *o consumidor* venha a celebrar com o profissional... E de todo o modo a matéria emerge do direito à informação, que abre o capítulo (art. 182), e este é expressamente caracterizado como um direito do *consumidor*. A disciplina da matéria em termos de Teoria Geral não fica facilitada.

Estes são problemas gerais, cuja análise é prejudicada se a publicidade passar a ser considerada apenas pela óptica da protecção do consumidor.

13. Síntese

A análise realizada permitiu-nos concluir que, não obstante os seus méritos, o Anteprojecto incorre em pecados capitais.

No plano da orientação geral, é gravíssimo que o Código do Consumidor pretenda ser um Código universal, émulo do Código Civil. Passaria a ser a sede da disciplina de institutos gerais, como o direito real de habitação periódica, os direitos de habitação turística, as agências de viagens e turismo, as cláusulas contratuais gerais e assim por diante. Isto não é a exaltação do *cives* – é a sua degradação porque, quaisquer que sejam os objectivos proteccionistas, a pessoa é degradada quando passa a ser encarada primariamente como consumidor.

Na matéria específica da publicidade, avulta acima de tudo outro pecado maior.

O Anteprojecto é inadmissivelmente redutor, quando reconduz integralmente (ou tenta fazê-lo) o Direito da Publicidade a Direito do Consumidor. Menospreza-se o essencial para se privilegiar o acidental.

A publicidade é uma actividade autónoma e de grande incidência social. Tem de ser antes de mais encarada e regulada por si, no que a caracteriza. O Anteprojecto, pelo contrário, toma como básica uma incidência lateral, por mais importante que seja; a repercussão sobre o consumidor. E é por esse prisma que regula toda a publicidade.

Vai na contra-mão da Comunidade Europeia, que pelo contrário separou radicalmente o Direito da Publicidade da protecção do consumidor. Esta ruptura acarreta as dificuldades que se adivinham, sem haver causa justificativa para nelas incorrer.

Não há razão para que a publicidade seja um sarmento do Direito do Consumidor, quando regula sobretudo matérias que nada têm que ver com a protecção do consumidor, como a publicidade comparativa. Tantos problemas específicos (como o estatuto da rotulagem, como mero exemplo) ficam assim secundarizados, sem nenhuma justificação para tal.

A publicidade deveria continuar a ser a base dum ramo autónomo do Direito, como tantos outros que têm surgido: seja o Direito do Ambiente, a Concorrência Desleal, o próprio Direito do Consumidor... Nada se ganha em empolar este último à custa da absorção doutros ramos que lhe são estranhos e não está por isso em condições de enquadrar devidamente.

O mais que poderia suceder seria integrar no Código do Consumidor as matérias relativas à protecção do consumidor perante a publicidade. Seria já um problema mais técnico e contingente, saber se ficariam melhor num Código do Consumidor ou num Código da Publicidade. Tem-se assistido aliás com frequência a deslocações de matérias mistas dum diploma para outro, sem que isso cause problemas de maior. É questão a examinar em concreto.

Mas o que nunca deveria acontecer seria a dissolução do Direito da Publicidade num Código do Consumidor. Não é em si matéria da índole do Direito do Consumidor, nem nos seus princípios, nem na tutela, nem na orgânica.

Há assim que repensar a posição do Anteprojecto. Quaisquer que sejam os seus méritos gerais – e não ocultamos as reservas que nos suscita – a opção tomada em matéria de publicidade é profundamente distorciva.

A Publicidade deve, a nosso Parecer, ser retirada do Código do Consumidor. Há que manter a autonomia das fontes deste ramo. Tal autonomia não criou dificuldades por si e corresponde à natureza da matéria regulada.

Julho de 2006

SOBRE O DIREITO
DO CONSUMIDOR EM PORTUGAL
E O ANTEPROJECTO DO CÓDIGO
DO CONSUMIDOR*

António Pinto Monteiro
Professor Catedrático da Faculdade de Direito da Universidade de Coimbra
Presidente da Comissão do Código do Consumidor

1. Sequência

Falar do *direito do consumidor* significa, à partida, falar de um determinado *ramo do direito*. Ora, pode dizer-se que os problemas começam logo aqui, pois não é pacífico que o direito do consumidor tenha *autonomia* científica, não é pacífico que seja, ele próprio, um ramo de direito autónomo. Mas não vamos tratar agora desse problema. O nosso propósito é dar conta da situação em Portugal, saber em que *termos*, qual o *sentido* e em que *direcção* avança o direito do consumidor na ordem jurídica portuguesa, enquanto *conjunto de princípios e regras destinados à defesa do consumidor*.

Daremos conta, para o efeito, tanto do quadro *legal* como do quadro *organizatório* e faremos uma breve referência à *evolução* do

---

* Texto que serviu de base a várias intervenções do Autor sobre o mesmo tema.

direito do consumidor em Portugal: olharemos, assim, para o *passado*, atentaremos no *presente* e perspectivaremos o *futuro*.

A este respeito, dedicaremos particular atenção ao *Anteprojecto do Código do Consumidor,* em discussão pública de 15 de Março a 15 de Julho de 2006.

2. Direito do consumidor

Há, porém, uma *questão prévia* que desejamos abordar e que tem a ver com o nome por que o temos tratado: afinal, trata-se de *direito do consumo* ou de *direito do consumidor*? Qual a terminologia mais correcta ou adequada?

Cremos ser preferível falar de *direito do consumidor*, definindo-o, repete-se, como o *conjunto de princípios e regras destinados à protecção do consumidor.*

Com efeito, não é o *consumo*, enquanto tal, que é visado pelas regras que constituem este direito. Verdadeiramente do que se trata é de disciplinar a *produção* e a *distribuição* de bens, assim como a *prestação* de serviços, *tendo em vista a defesa do consumidor* – seria então mais adequado falar de direito da produção... ou de direito da distribuição ... se estas expressões não tivessem já um significado próprio, diferente, abarcando um outro tipo de relações, a montante das relações de consumo. Em si mesmo, pois, *o consumo não é disciplinado* – é sobre o produtor, sobre o prestador de serviços e o distribuidor de bens que recaem obrigações de vário tipo em ordem à defesa do consumidor. Parece, assim, mais apropriado e consentâneo com a finalidade deste ramo do direito falar de *direito do consumidor*!

Repare-se, por outro lado, que se é esta a designação mais adequada do ponto de vista da *ratio* e *finalidade* do direito do consumidor, é ela, também, a mais adequada do ponto de vista *constitucional*: basta atentar, entre outros, nos arts. 60°, 81° e 99° da Constituição da República Portuguesa para ver que é a *protecção do consumidor* e a defesa dos direitos deste que constituem a preocupação expressa na lei fundamental.

Justamente por isso, na sequência e em conformidade com a perspectiva constitucional, quer a Lei n° 29/81, de 22 de Agosto, quer a actual, a Lei n° 24/96, de 31 de Julho, são *leis de defesa do consu-*

midor. E é também esta a perspectiva *comunitária*: cfr. título XIV, art. 153, do Tratado da Comunidade Europeia, dedicado, precisamente, à *"defesa dos consumidores"*.

Acresce ser igualmente esta a atitude que se afigura mais adequada do ponto de vista *institucional*. Atente-se que o organismo público que define e actua a política da defesa do consumidor em Portugal tem o nome de *Instituto do Consumidor*.

Por último, sentimo-nos confortados por ser esta – *direito do consumidor* – a expressão pacificamente utilizada no Brasil (onde existe, desde 1990, o chamado Código de Defesa do Consumidor), assim como é esta a expressão corrente em língua alemã (*Verbraucherrecht* ou V*erbraucherschutzrecht*) e em língua inglesa (*consumer law*). Mas já é diferente a terminologia francesa (*droit de la consommation*), apesar de também aqui se entender que "le droit de la consommation (...) *c'est un droit du consommateur*, plus que de la consommation" (Jean Beauchard). Assim como é diferente a terminologia italiana, onde foi já aprovado o *Codice del consumo*.

Parece-nos, contudo, por todas as razões sumariamente apontadas, ser preferível falar de *direito do consumidor*. É a postura mais correcta, a nosso ver, designadamente por razões de ordem teleológica, constitucional e institucional.

3. O passado

Passo a referir-me agora à *linha de evolução* do direito do consumidor em Portugal. E começo por chamar a atenção, ainda que em termos muito simples, que o tema da protecção do consumidor se pode equacionar em *três momentos*: numa primeira fase, avulta a *denúncia* da situação de debilidade do consumidor, enquanto *vítima indefesa* da *sociedade de consumo*; num segundo momento, é o *direito do consumidor* que desponta, em resultado da imensa legislação que prolifera e da reflexão que a doutrina lhe vai dedicando; por último, no momento actual, é a um *código* que se apela, como que a *coroar* todo este movimento e a reconhecer ao direito do consumidor a *maioridade* e a *autonomia* que uma codificação requerem.

Escusado será dizer que estas fases não são estanques; e que a aprovação de um código do consumidor contribuirá imenso para a consolidação deste novo *ramo* do direito e para a sua *dignificação* – assim como a divulgação do direito do consumidor e o seu aprofundamento no plano científico e dogmático *facilitarão* consideravelmente a elaboração do código.

Feita esta advertência, e percorrendo, ainda que a passo rápido, a história do movimento dito "consumerista", a primeira fase, como referi há pouco, é de *denúncia* da situação do consumidor, é de *alerta* para os perigos, riscos e abusos a que ele está exposto, coenvolvendo essa denúncia, frequentemente, uma generalizada crítica à *sociedade de consumo*.

Isto não impede que se possa dizer inserir-se o tema da defesa do consumidor *na linha da evolução do direito civil* no século XX, que ele faz parte dessa mesma evolução e está em sintonia com a dimensão de *justiça social* e *materialmente fundada* que perpassa por todo o direito civil contemporâneo.

Estas preocupações de *justiça material* e de *solidariedade social* estão bem patentes, aliás, no direito civil português, "maxime" no Código de 1966, que generosamente acolhe o princípio da boa fé (por ex., arts. 227°, 239°, 762°, n° 2), proíbe o abuso do direito (art. 334°) e os negócios usurários (art. 282°), dá relevo à alteração anormal das circunstâncias (art. 437°), prevê a responsabilidade civil independente de culpa (arts. 500° e ss), etc.

Por outras palavras, o Código consagrou princípios e regras susceptíveis de corrigir desequilíbrios, impedir abusos, promover a correcção e lealdade nas relações contratuais, impor deveres, fomentar a segurança e encontrar outros fundamentos para a responsabilidade civil. O que releva também, e até de modo muito especial, para a defesa do consumidor.

Simplesmente ... a vida não é estática. De 1966 para cá acentuaram-se consideravelmente as situações de desequilíbrio, multiplicaram-se as fontes de risco e surgiram problemas novos. Houve necessidade de intervir legislativamente, perante a *insuficiência* e/ou *inadequação* das soluções tradicionais.

4. O presente

Isso explica a imensa legislação avulsa que existe no *presente*. Pensemos, entre tantos outros exemplos, nos *contratos de adesão*, nos contratos celebrados com base em *cláusulas contratuais gerais*. Perante este *novo modelo contratual*, em face deste *novo modo de celebração* de contratos, bem distinto do *modelo negociado tradicional*, havia que intervir, para enfrentar problemas específicos ao nível da formação do contrato, do conteúdo das cláusulas predispostas e dos meios de reacção, *maxime* judicial. Daí o Decreto-Lei nº 446/85, de 25 de Outubro (entretanto modificado, em 1995 e em 1999, por força da Directiva 93/13/CEE, de 5 de Abril), que consagrou especiais deveres de comunicação e de informação, proibiu cláusulas abusivas e consagrou uma importante acção judicial de índole preventiva, a acção inibitória.

Atentemos, igualmente, na problemática da *responsabilidade do produtor* pelos danos causados pelos defeitos dos produtos que põe em circulação. Perante a dificuldade e inadequação da via extracontratual – com o pesado encargo do ónus da prova a cargo do lesado –, e pese embora as bem intencionadas e engenhosas tentativas para responsabilizar o produtor pela via contratual (apesar de não ser parte no contrato pelo qual o consumidor adquiriu o bem), houve que intervir legislativamente, consagrando a responsabilidade pelo risco do produtor, ou seja, *independente* de culpa sua. Na sequência da Directiva 85/374//CEE, do Conselho, de 25 de Julho, foi em Portugal publicado o Decreto-Lei nº 383/89, de 16 de Novembro, a fim de transpor essa Directiva.

Pensemos, ainda, na legislação relativa ao *crédito ao consumo*. Perante a nova filosofia de vida da actualidade, que parece obedecer ao lema "compre primeiro e pague depois", "goze já férias e só mais tarde pensará em pagá-las" – bem oposto à mentalidade tradicional, em que as pessoas poupavam primeiro para poderem adquirir os bens ou serviços de que careciam –, perante a nova filosofia de vida, dizia, em que o apelo ao consumo e a facilidade de crédito são incessantes, havia que disciplinar o contrato de concessão de crédito. O que foi feito pelo Decreto-Lei nº 359/91, de 21 de Setembro, que transpôs a Directiva

42   *Estudos do Instituto de Direito do Consumo*

87/102/CEE, do Conselho, de 22 de Novembro, entretanto alterada. Subsiste, todavia, uma lacuna no ordenamento jurídico português, relativa ao sobreendividamento do consumidor.

Tudo isto sem esquecer as novas modalidades de *técnicas de venda*, desde a venda ao domicílio aos modernos contratos a distância, designadamente os celebrados por via electrónica, sendo de destacar, neste contexto (transpondo a Directiva 97/7/CE), o Decreto-Lei nº 143/ /2001, de 26 de Abril, relativo à protecção do consumidor nos *contratos celebrados a distância*, assim como a legislação relativa ao direito de habitação periódica e às viagens turísticas e organizadas.

Eis, em suma, uma série de novos problemas em múltiplos domínios, a impor a necessidade de consagrar novas regras, tendo designadamente em conta a necessidade de *proteger o consumidor*. É certo que esta preocupação vem *na linha* de preocupações mais antigas, como as de *proteger os mais fracos*, a *parte débil* da relação contratual, e de zelar pela *segurança* das pessoas. Mas com a "sociedade de consumo" dos nossos dias tornou-se imperioso reagir *de modo específico* e *organizado* contra práticas e técnicas de utilização sistemática, tendo por *denominador comum* a defesa do consumidor, isto é, a defesa de quem é *vítima* de tais práticas ou técnicas, de quem está *à mercê*, pela sua situação de *dependência* ou de *debilidade* (económica, técnica, jurídica, cultural ou outra), da organização económica da sociedade.

Assistiu-se, assim, por todo o lado, ao aparecimento, que não cessa de crescer, de legislação *avulsa*, de legislação *especial*. Legislação esta que, além de ficar *fora do Código Civil*, dificilmente se poderá qualificar, em muitos casos, de *direito civil* "tout court", relevando, antes, a sua natureza *pluridisciplinar*.

Mas a especial sensibilização pelos problemas dos consumidores levou, mesmo, a que os direitos destes tivessem sido reconhecidos ao mais alto nível, acabando por ser acolhidos na própria *Constituição da República Portuguesa*.

Com efeito, a Constituição de 1976 colocou a *protecção do consumidor* entre as "*incumbências prioritárias do Estado*" português (art. 81º). E com as revisões constitucionais de 1982 e de 1989 os direitos dos consumidores alcançaram a dignidade de *direitos fundamentais*. O nº 1 do art. 60º da Constituição estabelece que "os consumidores têm direito à qualidade dos bens e serviços consumidos, à formação e à informação, à protecção da saúde, da segurança e dos seus interesses económicos, bem como à reparação de danos". O nº 2 do mesmo art. 60º proíbe a publicidade oculta, indirecta ou dolosa. E o nº 3 consagra direitos das associações de consumidores, tendo-lhes sido reconhecida, após a revisão constitucional de 1997, "legitimidade processual para defesa dos seus associados ou de interesses colectivos ou difusos". Por último, também o art. 99º da Constituição coloca a protecção dos consumidores entre os objectivos da política comercial.

Em conformidade com o *imperativo constitucional* de protecção do consumidor, foi publicada em Portugal, logo em 1981, uma importante *Lei de Defesa do Consumidor*: a Lei nº 29/81, de 22 de Agosto. Nela se estabeleceram os direitos dos consumidores e os direitos das associações de consumidores, bem como as regras e os princípios por que se havia de concretizar a defesa desses direitos. Tratou-se de uma lei-quadro que foi sendo actuada através de muitas outras leis, algumas das quais, ao mesmo tempo, foram transpondo para o direito português as correspondentes directivas da Comunidade Europeia: sobre cláusulas abusivas, serviços públicos essenciais, publicidade, obrigação de segurança, time sharing, responsabilidade do produtor, crédito ao consumo, vendas ao domicílio, viagens turísticas, etc, etc, etc.

A Lei nº 29/81 foi entretanto *revogada* e *substituída*, em 1996, pela actual *Lei nº 24/96*, de 31 de Julho, que "estabelece o regime legal aplicável à defesa dos consumidores". Continuamos na presença de uma lei-quadro, embora mais desenvolvida do que a primeira, que é hoje a *trave-mestra* da política de consumo e o *quadro normativo* de referência no tocante aos direitos do consumidor e às instituições destinadas a promover e a tutelar esses direitos.

De entre essas instituições e organismos destaca-se o *"Instituto do Consumidor"*, que é o instituto público destinado a promover a política de salvaguarda dos direitos dos consumidores, bem como a coordenar e executar as medidas tendentes à sua protecção, informação e educação e de apoio às organizações de consumidores, Instituto a que a lei atribui ainda poderes de autoridade pública.

Entretanto, a legislação existente na área do direito do consumidor vem sendo crescentemente aplicada pelos tribunais. A *jurispru-*

dência sobre os contratos de adesão/cláusulas contratuais gerais é hoje abundante, sendo também significativa a jurisprudência sobre o crédito ao consumo, os cartões de pagamento e os serviços públicos essenciais.

Neste contexto, é igualmente de mencionar dois importantes Acórdãos do Tribunal Constitucional português: um, de 1990 (Acórdão n° 153/90, de 3 de Maio), que *julgou inconstitucional* uma norma do estatuto dos correios que excluía a responsabilidade destes por lucros cessantes; outro, mais recente, de 2004 (Acórdão n° 650/2004, de 16 de Novembro), que *declarou a inconstitucionalidade com força obrigatória geral* de uma norma da tarifa geral de transportes na parte em que esta excluía a responsabilidade do caminho de ferro pelos danos causados aos passageiros resultantes de atrasos, supressão de comboios ou perdas de enlace. Estava em causa, num caso e no outro, no entender do Tribunal Constitucional, *o direito do consumidor à reparação de danos*, constitucionalmente consagrado, que não pode o legislador ordinário excluir totalmente (invocou, no mesmo sentido, a sentença n° 254, de 20 de Junho de 2002, do Tribunal Constitucional italiano, a respeito da exclusão de responsabilidade dos serviços postais).

Num outro plano, por último, no plano doutrinal, o direito do consumidor tem merecido também uma atenção *crescente*, seja através da publicação de monografias, seja através da publicação de muitos artigos nas revistas da especialidade que entretanto surgiram, como os "Estudos de Direito do Consumidor", da Faculdade de Direito da Universidade de Coimbra. E nas Faculdades de Direito portuguesas começou a ser leccionado o direito do consumidor, especialmente em cursos de pós-graduação, como em Coimbra, através do Centro de Direito do Consumo daquela Faculdade.

Há, em suma, no presente, uma grande preocupação social e política pela defesa dos direitos do consumidor. No plano jurídico, essa preocupação levou a que fosse publicada uma *abundante* legislação, ainda que *dispersa* e *fragmentária*.

5. O Anteprojecto do Código do Consumidor

Efectivamente, a legislação publicada nos últimos anos tem sido *imensa*, em decorrência do imperativo constitucional de defesa do consumidor, da lei-quadro e das várias directivas da União Europeia com o mesmo objectivo.

Infelizmente, porém, nem sempre à *law in the books* tem correspondido a *law in action*! E isto, muitas vezes, por deficiências do próprio sistema legal, a começar pela *proliferação legislativa* a que se tem assistido, a qual apresenta inconvenientes vários, desde logo pela *dispersão* e *falta de unidade* de que dá mostra. Essa uma das razões por que o Governo nos confiou, já em 1996, a tarefa de constituir uma Comissão para a elaboração do Código do Consumidor. A Comissão, a que temos a honra de presidir, entregou no passado dia 15 de Março ao Governo o *Anteprojecto do Código do Consumidor*, para debate público.

Passo a fornecer, ainda que em termos muito breves, algumas ideias essenciais sobre o *Anteprojecto*.

De um ponto de vista sistemático, o Código do Consumidor tem 4 títulos: o I consagra "Disposições Gerais"; o II trata "Dos Direitos do Consumidor" (informação, saúde e segurança, qualidade de produtos e serviços, interesses económicos, mormente os contratos, e reparação de danos); o III "Do Exercício e Tutela dos Direitos" (incluindo os crimes, as contra-ordenações e as disposições processuais cíveis); e o IV, por último, "Das Instituições de Defesa e Promoção dos Direitos do Consumidor".

A matéria reparte-se por capítulos, secções e divisões e, por vezes, dentro destas, ainda por subsecções e subdivisões, ao longo de 708 artigos. Mas serão revogados 16 diplomas legais actualmente em vigor.

Importa dizer, em primeiro lugar, que foi propósito da Comissão ir *além* de uma mera *compilação* de leis dispersas e elaborar um *Código*, no sentido próprio do termo, com tudo o que isso implica, designadamente em termos de *racionalização* e de *unidade sistemática*. Mas um código, em todo o caso, com muitas particularidades, rompendo, em vários pontos, com o modelo tradicional, um código, pode dizer-se, *pós-moderno*.

Houve igualmente o propósito de *respeitar* e dar *continuidade* ao que de importante e útil se tem feito no domínio da defesa do consumidor. Foi assim de *prudência* a atitude da Comissão. Mas isso não impediu, como é natural, que se tivesse procedido às *correcções* necessárias, por um lado, e ao *rasgar de novos caminhos*, por outro lado, quando se afigurou importante dar esse passo. O que aconteceu inúmeras vezes!

Desde a noção de consumidor e da clarificação quanto ao regime aplicável às pessoas colectivas, até às modificações operadas, em maior ou menor medida, em sede contratual, processual e organizatória, muitas são efectivamente as "novidades" a ter em conta, umas vezes meramente pontuais, outras vezes mais profundas e extensas.

Quanto à noção de consumidor, embora se mantenha, no essencial, o que vem de trás – na linha de que o consumidor é um conceito *relacional*, de alguém que se relaciona com um *profissional* para *fins privados* –, foi necessário *rever* a noção existente na lei em vigor. É que ela não coincide exactamente com a que vem prevalecendo no *direito comunitário*, o que explica que as leis portuguesas que transpõem as directivas definam sempre quem é consumidor. Ora, só faz sentido consagrar num Código uma noção de consumidor se ela servir *para todos os casos* em que o âmbito de aplicação de determinadas medidas se restrinja ao *consumidor* – e isso implica que tal noção esteja *em conformidade* com a que é dominante no direito comunitário.

Por isso determina o art. 10°, n° 1, do Anteprojecto que se considera consumidor "a pessoa singular que actue para a prossecução de fins alheios ao âmbito da sua actividade profissional, através do estabelecimento de relações jurídicas com quem, pessoa singular ou colectiva, se apresenta como profissional".

Ainda a respeito da noção de consumidor, o *Anteprojecto* esclarece que essa qualidade se restringe às *pessoas singulares*. Todavia, o legislador sabe que há casos em que se pode justificar que algumas *pessoas colectivas* beneficiem da mesma protecção. Essa a razão por que o art. 11°, n° 1, do *Anteprojecto* permite que em certos casos, reunidos determinados pressupostos, possa *estender-se* às pessoas colectivas *o regime* que em princípio está reservado ao consumidor. Quer dizer, as pessoas colectivas *não são consumidores,* mas, em certos casos, se provarem que não dispõem nem devem dispor de competência específica para a transacção em causa e que a solução está de acordo com a equidade, podem beneficiar do *regime* que a lei reserva ao consumidor.

O mesmo princípio leva a que se *estenda* também *a pessoas singulares que não sejam consumidores* – por actuarem para a prossecução de fins que pertencem ao âmbito da sua actividade profissional – o *regime* que o *Anteprojecto* reserva aos consumidores, uma vez preenchidos os pressupostos acima referidos (art. 11°, n° 2).

Já no tocante à situação *inversa* – isto é, nos casos em que alguém é considerado *consumidor,* em face do disposto no art. 10°, mas disponha ou deva dispor, em virtude da sua actividade e experiência profissional, de competência específica para a transacção em causa –, o *Anteprojecto* permite que o tribunal pondere, de acordo com a equidade, se será de aplicar, em tal situação, o regime mais favorável de defesa do consumidor. Quer dizer, se nos casos anteriores se tratou da *extensão* do regime, agora trata-se de *restrições* ao regime que o *Anteprojecto* prevê para a defesa do consumidor, em situações em que se afigure abusivo o recurso a estas medidas, apesar de, formalmente, alguém preencher os requisitos que o definem como "consumidor".

Mas o ponto é duvidoso, especialmente no tocante às restrições, e porventura polémico. Aguarda-se pelo resultado do debate público.

Poder-se-á dizer, de algum modo, que tanto a *extensão* do regime como as *restrições* que o "Anteprojecto" prevê têm subjacente o respeito pelo *princípio da igualdade*. Ou seja, só se justifica que haja medidas *diferenciadoras* quando houver *razões* para tal, e essas razões têm de ser *materiais*, efectivas e não meramente formais. Não podemos colocar exactamente no mesmo plano, na compra, por exemplo, de um automóvel para fins privados, um "consumidor de gueto" e um mecânico conhecedor e experimentado. Trata-se, no entanto, repete-se, de uma tomada de posição que suscita dúvidas e que está em aberto.

Questão diferente é a de saber se o Código deve restringir o seu âmbito de aplicação ao consumidor ou se pode vir a abranger outras pessoas.

No caso concreto, estamos perante um "Código do Consumidor" que não tem como destinatário único o *consumidor*, pois em alguns casos o seu âmbito de aplicação abrange *outras pessoas e relações jurídicas* (cfr. a esse propósito o artigo 13º do Anteprojecto): assim sucede, por exemplo, no domínio das cláusulas contratuais gerais, da responsabilidade do produtor e dos serviços públicos essenciais. Mas isso, afinal, é o que se verifica *já hoje*, na legislação em vigor, nesses e em outros domínios. E seria mau se o Código do Consumidor *alterasse* a situação e viesse a *cindir* o regime legal que se ocupa desses domínios.

A Comissão está consciente, por outro lado, de que *nenhum código* tem ou pode ter sequer a pretensão de abranger *todas as normas* de um determinado ramo de direito. O Código do Consumidor não foge à regra: daí que o Anteprojecto inclua *só o que parece essencial* e deixe de fora, designadamente para legislação avulsa, já existente ou a criar, muitos outros aspectos ligados a problemas da defesa do consumidor. O que tem por consequência, desde logo, que permaneçam na legislação vigente alguns preceitos, mesmo naqueles casos em que o essencial dessa regulamentação passa para o Código: é o que sucede, *v.g,* no crédito ao consumo, nos direitos de habitação periódica e nas viagens turísticas e organizadas.

Isso permitirá, ao mesmo tempo, proceder *mais facilmente* a alterações no futuro, "maxime" por força de imperativos comunitários, sem ter que se *alterar* necessariamente o Código. Nesta mesma linha de preocupações, realce-se a abertura do Código para a legislação que porventura venha substituir diplomas actualmente em vigor e para os quais o Código remeta (cfr. artigo 15º).

Finalmente, a publicação do Código do Consumidor terá de ser acompanhada de vários outros diplomas, em virtude de, como dissemos atrás, haver matérias só *parcialmente* reguladas no Código, pelo que a disciplina das mesmas terá de *articular-se* com a legislação pertinente, entre a qual legislação avulsa a criar, nuns casos, ou a reformular, em outros casos, por ter *sobrevivido* à revogação operada. Entre outros pontos e matérias destacamos, a este propósito, o trabalho a fazer no âmbito dos direitos de habitação periódica (*time sharing*) e das agências de viagem e turismo.

Poder-se-á sempre questionar o acerto da opção tomada. Mas parece-nos que se justifica *preservar* o Código, em geral, de aspectos mais *regulamentares*. Além de ele não ser a sede adequada para regular tais aspectos, confere-se-lhe maior estabilidade, ao mesmo tempo que se facilita a transposição de eventuais directivas e outras intervenções que venham a ser necessárias.

6. O futuro

Eis, portanto, aqui e agora, o *Anteprojecto do Código do Consumidor* português. De algum modo ainda *in fieri,* mas já suficientemente debatido, ponderado e amadurecido para entrar agora numa nova fase, a do debate público.

Não abundam, é certo, no direito comparado, os exemplos de codificação neste domínio. Apenas o Brasil, desde 1990, a França, desde 1993, e a Itália, muito recentemente, desde Outubro de 2005, dispõem de Código do Consumidor ou do Consumo. A Alemanha deu há pouco um passo importante, no que isso significa e representa para a elevação do direito do consumidor. Mas a lei para a modernização do direito das obrigações, a *Gesetz zur Modernisierung des Schuldrechts,* de 26 de Novembro de 2001, optou por incluir no BGB vários preceitos do direito do consumidor, na linha, aliás, do que fora já iniciado em 2000.

É este último, sem dúvida, também um caminho possível! Mas que não se afigura o melhor – *por muitas e importantes razões*. Claro que sempre teria a vantagem de combater a *dispersão* e permitir superar o estado *caótico*, de um ponto de vista legislativo, com que frequentemente se depara. Mas estamos convictos de que a aprovação do *Código do Consumidor* será o passo *mais adequado e correcto* no futuro.

Quanto a esta questão, convirá precisar melhor alguns pontos, até porque há quem duvide do passo que estamos a dar em Portugal ou o contrarie mesmo frontalmente. Vejamos, pois, o problema mais de perto.

Antes de mais, há uma primeira questão a debater, uma primeira alternativa a ponderar: *codificação ou não do direito do consumidor?* Num segundo momento, se se optar pela codificação, surge então outra

50 Estudos do Instituto de Direito do Consumo

questão a discutir, outra alternativa a analisar: codificação, sim, *mas onde e como?* Designadamente, no *Código Civil?* Ou num diploma próprio, precisamente o *Código do Consumidor?*

Encaremos, pois, para começar, a primeira dúvida: *codificação* ou não do direito do consumidor? A alternativa é entre a inclusão do direito do consumidor num *código* ou a sua permanência em legislação *avulsa, dispersa* e *fragmentária*, que é a situação actual.

Optamos pela codificação. A *"età della decodificazione"*, de que nos fala Natalino Irti, não tem impedido que vários códigos venham sendo aprovados pelo mundo fora, em diversos domínios, desde códigos civis a códigos do trabalho e do consumidor, entre outros. Fala-se hoje, mesmo, de *recodificação.*

E não se esqueça o interessante, significativo e alargado debate que se vem travando na Europa sobre o problema de saber se deve ou não haver um *código civil europeu* ou, ao menos, um *código europeu dos contratos* ou, até, um *código do consumidor europeu.* Em qualquer caso, atente-se bem, é de um *código* que se fala, seja ele civil, dos contratos e/ou do consumidor.

O que bem se compreende. Não vou maçar-vos com grandes considerações. Basta atentar na enorme vantagem de *reunir num único diploma centenas de normas* dispersas por uma *multiplicidade* de leis e decretos-leis. No Anteprojecto português são 16 os diplomas legais que o Código *substitui integralmente*: serão *integralmente* revogadas 3 leis e 13 decretos-leis! Parece-nos que assim se facilitará o *conhecimento* e a *compreensão* das regras jurídicas e se beneficiará a sua *aplicação prática* e o próprio *acesso ao direito.*

Por outro lado e ao mesmo tempo, a elaboração de um código permite que se evitem as sucessivas *repetições* com que a par e passo se depara na legislação avulsa, seja a propósito da fixação do regime jurídico do direito de livre resolução do contrato, seja a respeito das exigências de formalismo negocial, da noção de consumidor, da proibição de renúncia antecipada aos direitos concedidos, dos requisitos da informação a prestar, da contratação a distância, etc, etc, etc. Quer dizer, em vez de *inúmeros* diplomas, *soltos* e *desligados*, a regularem figuras e institutos que *em parte são comuns* – e por isso a incorrerem em sucessivas *repetições* –, teremos *um único diploma* que consagrará, *de uma só vez,* aquilo que é *comum* a vários contratos ou situações e estabelecerá depois, tão-só, as *especialidades* de cada caso.

Numa palavra, a elaboração de um código possibilita a reunião, *num só diploma,* em termos *ordenados* e segundo um plano *coerente* e *racional,* da maior parte das normas à deriva nesse "mare magnum" de legislação avulsa destinada à defesa do consumidor.

À *facilidade de consulta* que o código possibilita – em *benefício* de todos, do consumidor aos tribunais –, junta-se, por outro lado, o contributo que ele dá para a *autonomia* e *dignidade* do direito do consumidor e das várias organizações e entidades que fazem parte do Sistema Português de Defesa do Consumidor.

Não é de surpreender, por isso, e atente-se muito bem no que vamos dizer, que neste momento a *tendência* europeia vá no sentido da *codificação* do direito do consumidor. Este passo foi dado pela própria Alemanha, já desde 2000, mas muito especialmente em 2001, assim como em parte tinha sido já esse, em 1992, o exemplo holandês; em 1993 foi a França e, muito recentemente, em Outubro de 2005, foi a Itália a seguir o mesmo caminho.

Como se vê, países de cultura e tradição jurídicas muito fortes *optaram pela codificação do direito do consumidor.* Com uma importante diferença, é certo, pois no caso alemão e holandês a opção foi por incluir o direito do consumidor no código civil, enquanto que em França e na Itália se optou por aprovar um código do consumo ou do consumidor. Num caso e no outro, porém – na Alemanha, Holanda, França e Itália –, optou-se pela *codificação.* E esse é o passo certo, a nosso ver.

Estamos convictos de que a opção, no futuro, será entre a inclusão do direito do consumidor no *Código Civil* ou, antes, num diploma próprio, o *Código do Consumidor.* Esta é, pois, a segunda alternativa a considerar, caso se opte pela codificação em vez de manter a situação actual. Aqui chegados, inclinamo-nos para o segundo termo da alternativa, isto é, *a favor do Código do Consumidor.* Por várias razões.

À partida e desde logo, parece bem mais complexo e difícil *enxertar* o direito do consumidor no Código Civil do que fazer um diploma de raíz... Como alguém disse, é bastante mais fácil conseguir um Código do Consumidor Europeu do que um Código Civil Europeu

– parece-nos que o mesmo se pode dizer no plano interno. Trata-se, afinal, em grande medida, de reunir e sistematizar, segundo uma linha de racionalização e coerência interna, *direito já hoje vigente* na ordem jurídica portuguesa e que permanece *fora do Código Civil* ou de qualquer outro código.

Observe-se, em segundo lugar, que teriam de ficar *fora* do Código Civil aspectos *fundamentais* do regime jurídico da defesa do consumidor, designadamente os que são de índole processual, penal e administrativa.

Ora a um *direito pluridisciplinar* terá de corresponder, parece-nos, um novo código, que possa ele próprio incluir normas de *índole pluridisciplinar*. A não ser assim, as normas que visam a defesa do consumidor continuariam a *dispersar-se* por vários códigos, em prejuízo da sua unidade e identidade. O Código do Consumidor terá pois a vantagem, além do mais, de *concentrar* toda a disciplina relevante nesta sede, independentemente da natureza civil ou comercial, penal, administrativa ou processual das suas normas.

Outro argumento que por vezes se utiliza é o de que um código do consumidor irá provocar uma *fractura* no direito civil. Nesta linha, dir-se-á que a unidade é quebrada e que relações hoje pertencentes ao direito civil e reguladas pelo Código Civil passarão a ser objecto de um outro ramo do direito e de um novo diploma legislativo.

Nesta ordem de ideias, acrescentar-se-á, porventura, que a mesma relação jurídica será disciplinada por um ou outro Código consoante a qualidade em que intervém o particular, se como consumidor ou não.

Acabamos de abordar alguns dos problemas mais debatidos e mais complexos do direito do consumidor. Mas atente-se que tais problemas não têm propriamente que ver com a elaboração do Código do Consumidor. Eles existem já hoje, *são independentes do Código*, na medida em que há legislação que *retira* do Código Civil certas relações: as chamadas, precisamente, relações de consumo.

Com Código do Consumidor ou não, a disciplina das cláusulas contratuais gerais consta de diploma avulso, o mesmo sucedendo, entre tantos outros exemplos, com a responsabilidade civil do produtor, as viagens organizadas, os contratos a distância, o crédito ao consumo, o direito de habitação periódica, etc, etc.

A alegada fractura, a existir, existe já, não será o Código do Consumidor a criá-la. E estamos a falar de diplomas legais que em alguns casos *têm mais de 20 anos*, sem que a dita "fractura" tivesse levado o legislador a incluir tais matérias no Código Civil.

Também não será com o Código do Consumidor que surgirá o "inconveniente" de a mesma relação jurídica – a relação de compra e venda, por exemplo – passar a ser disciplinada por um outro Código, o Civil ou o do Consumidor, consoante a qualidade em que nela intervém o particular. Tal inconveniente existe desde o momento em que há legislação especial aplicável às relações de consumo. Observe-se, por outro lado, que a situação é paralela, por ex., à da compra e venda comercial e que o critério da qualidade dos sujeitos está também presente na distinção – clássica – direito público/direito privado. Não se vê, pois, que o facto de se reservar a aplicação das (ou de algumas das) normas do direito do consumidor às relações em que o particular intervém em tal qualidade seja algo de estranho ou de singular na ordem jurídica portuguesa.

Por último, repare-se que a opção pelo Código Civil *não eliminaria* os inconvenientes e dificuldades que envolve a *codificação* do direito do consumidor, antes os *agravaria*, pela importância e peso histórico do Código Civil; e embora tenha a seu favor, sem dúvida, importantes argumentos de ordem sistemática, a verdade é que tal opção não reuniria *todas as vantagens* que o Código do Consumidor pode trazer, desde logo permitindo este, mas não aquele, acolher normas de *natureza interdisciplinar*.

Apesar do passo dado pela Alemanha e do exemplo que o mesmo poderia constituir, o certo é que, *já depois disso,* como dissemos, a Itália seguiu caminho diverso, com a publicação, em Outubro de 2005, do *Codice del Consumo*. Código este que veio mesmo revogar matéria que estava no Código Civil, por ter chamado a si a disciplina das cláusulas abusivas, até então incluída neste diploma.

E repare-se que estamos a falar de um país em que o Código Civil é como que um *código do direito privado*, por abranger não só o direito civil mas também, por exemplo, o direito do trabalho e o direito das sociedades. Estranhar-se-ia menos, por isso, que ele pudesse vir a incluir também o direito do consumidor – mas não foi essa, como vimos, a opção do legislador italiano.

7. Conclusão

Estamos a par do *debate europeu*, no qual, aliás, alguns de nós vão intervindo. E conhecemos também os *apelos* muito recentes de alguma doutrina a um *"direito dos cidadãos"* ou a uma *"cidadania europeia"*, conceitos ou ideias em que iria desembocar o direito do consumidor.

Vemos com muita dificuldade e com grande reserva, porém, que esse passo para um "direito dos cidadãos" ou o apelo a uma "cidadania europeia" possa servir como que de *cavalo de Tróia* para uma *conquista* do direito civil pelo direito do consumidor, estendendo indiscriminadamente àquele – em detrimento dos seus princípios da autonomia, da liberdade e da igualdade – regras que se criaram e foram desenvolvendo no seio deste, para defesa do consumidor.

Mas também não nos parece, ainda que com outro sentido e preocupações, que se possa recuar ao velho conceito de *cives*, cidadão, para se justificar uma generalizada e indiferenciada inclusão do direito do consumidor no Código Civil, com base na ideia de que este abrange *todo o cidadão* e, portanto, também o consumidor.

Diria que nem a *conquista* do direito civil pelo direito do consumidor, nem a *capitulação* deste perante aquele – pois num caso e no outro seria a *especificidade* do direito do consumidor que se perderia, *em prejuízo* de quem, hoje, se visa proteger, no direito português e comunitário: precisamente, o *consumidor*!

Por último, gostaríamos de acrescentar que partilhamos em geral do sentimento de que a *proliferação legislativa* é nefasta e que a *estabilidade legislativa* é essencial para a segurança jurídica e a defesa dos direitos de cada um. Mas foi *esta mesma preocupação,* afinal, uma das razões por que decidimos aceitar o honroso convite de levar por diante esta tarefa, pois o Código do Consumidor é uma lei que *virá substituir muitas outras leis*, dispersas, por vezes repetitivas e prolixas, desligadas... Como já referimos, são 16 os diplomas legais que este Código substitui integralmente!

Sabemos que o Código, como qualquer outra lei, *por si só*, não resolve os problemas! Tudo irá depender, no essencial, da aplicação que dele se faça. Por isso mesmo, foi nosso propósito, no seio da

Comissão, fazer com que a "law in the books" *facilite* a "law in action", designadamente a "law in the courts". Temos a esperança de que o Código possa vir a ser, como já o disse em outras ocasiões, a *matriz* e o *rosto* do direito do consumidor!

ANTEPROJECTO DO CÓDIGO DO CONSUMIDOR

CONTRATOS EM ESPECIAL

PEDRO ROMANO MARTINEZ

Nota introdutória

Tendo sido apresentado, a 15 de Março de 2006, o *Anteprojecto do Código do Consumidor*, elaborado por uma comissão presidida pelo Senhor Prof. Doutor António Pinto Monteiro, o Instituto de Direito do Consumo da Faculdade de Direito de Lisboa organizou um debate sobre várias questões relacionadas com este anteprojecto, que teve lugar no Auditório da Faculdade de Direito de Lisboa, no dia 8 de Junho de 2006. Para esse debate, foi-me proposto tecer algumas considerações sobre o regime dos contratos (parte especial) regulado no citado Anteprojecto do Código do Consumidor.

O texto que se segue corresponde à minha intervenção no referido debate. Trata-se de um texto despretensioso, com considerações pessoais sobre várias questões relacionadas com a protecção do consumidor.

1. Questões gerais

I. Uma primeira palavra de grande consideração pelo valioso trabalho desenvolvido pela comissão, na medida em que este Anteprojecto corresponde a uma bem conseguida codificação da matéria.

II. Não obstante o meu tema incidir sobre a parte especial dos contratos, regulados no Anteprojecto do Código do Consumidor (artigos 254.º a 386.º), não queria deixar de tecer algumas considerações sobre aspectos gerais do anteprojecto. Concretamente, no que respeita ao título «Código do Consumidor» e a algumas soluções constantes dos princípios gerais.

III. O título proposto para o diploma (*Código do Consumidor*) suscita algums reparos.

Apesar de se acompanhar inteiramente as considerações tecidas pelo Professor Pinto Monteiro («Sobre o Direito do Consumidor em Portugal», *Estudos de Direito do Consumidor*, n.º 4, Coimbra, 2002, pp. 121 e ss.), não se pode entender como pacífica a terminologia adoptada. De facto, está em causa a protecção do consumidor e não a tutela do consumo; a finalidade é a de proteger pessoas e não, propriamente, os actos jurídicos. Não está, evidentemente, em causa a disciplina do consumo, pois visa-se prosseguir a defesa de determinadas pessoas: os consumidores. Por isso, os argumentos do Professor Pinto Monteiro são irrefutáveis.

Contudo, noutros ramos do direito as questões são colocadas do mesmo modo, sem se ter empreendido por uma terminologia subjectivista. Assim, no direito do trabalho também se visa a protecção do trabalhador e não, directamente, a disciplina da actividade laboral. Mas para proteger o trabalhador tem de se disciplinar o trabalho. Ora, no direito do trabalho, sabendo-se que a sua razão de ser se prende com a tutela do trabalhador, desde há bastante tempo que, em Portugal, se abandonou a concepção subjectivista. Não foi aprovado um *Código do Trabalhador*, mas um *Código do Trabalho*.

Na nossa ordem jurídica, por via de regra, os diplomas fundamentais são designados por termos neutros, indicando que se trata de uma

Anteprojecto do Código do Consumidor – Contratos em Especial 59

regulamentação ampla, não circunscrita a uma perspectiva unilateral. Por isso, há um *Código Comercial* e não um *Código do Comerciante*, um *Código das Sociedades Comerciais* e não um *Código dos Sócios*; no âmbito criminal existe o *Código Penal* e não o *Código do Criminoso*; e, no plano fiscal, foi aprovada a *Lei Geral Tributária* e não o *Código do Contribuinte*.

Refira-se ainda, que a protecção do consumidor passa também pelo outro contraente, cuja posição não pode ser subalternizada.

A terminar este ponto, cabe também mostrar alguma estranheza pela adopção do título (*Código do Consumidor*), quando se verifica que o diploma disciplina um número elevado de relações jurídicas com não consumidores. Tendo em conta a extensão do regime, estabelecida no art. 11.º, e o âmbito de aplicação do art. 13.º, conclui-se que as regras previstas neste diploma não têm somente em vista a protecção do consumidor. E no que respeita aos contratos em especial – tema desta intervenção –, como se verá de seguida, por via de regra não estão em causa relações com consumidores.

Em suma, a terminologia «Código do Consumidor» não só é desadequada como enganadora do âmbito de aplicação do diploma, devendo ser substituída pela expressão «Código do Consumo».

IV. O segundo reparo tem que ver com alguns dos princípios enunciados nos primeiros preceitos do Código. Dir-se-á que, para a defesa do consumidor, são enunciados alguns princípios de modo algo exacerbado; poderia, até, afirmar-se que se nota, por vezes, uma certa tendência militante na consagração de tais princípios.

Assim, no art. 5.º, relativo à interpretação, ao estabelecer-se «que a lei consagra as soluções mais favoráveis ao consumidor», alteram-se as regras gerais de interpretação da lei, que constitui insegurança na aplicação do direito. Refira-se que solução similar foi consagrada no direito do trabalho, mas banida no final dos anos sessenta do século passado, por fomentar a divergência na aplicação das regras jurídicas.

Por outro lado, no art. 6.º afirma-se que «Na concretização do princípio da boa fé dever-se-á especialmente ponderar (…) a necessidade de assegurar a defesa do consumidor». Ora, a boa fé não deve ser concretizada de modo a fomentar a desigualdade, pois ela já tem, em

60 Estudos do Instituto de Direito do Consumo

si, os mecanismos necessários para evitar a iniquidade. Por outro lado, numa interpretação literal do preceito, poder-se-ia entender que ao consumidor não se exige um comportamento de acordo com a boa fé.

Por fim, nos arts. 7.º, n.º 1 e 12.º, n.º 2, reitera-se na consagração de soluções mais favoráveis ao consumidor, preconizando a insegurança jurídica.

2. Apreciação da sistematização no que respeita aos contratos

I. A disciplina dos contratos de consumo foi inserida no Capítulo IV, sob o título «Dos interesses económicos» (arts. 80.º e ss.). É evidente que os contratos de consumo respeitam a interesses económicos, mas a expressão é demasiadamente ampla para nela se incluir a regulamentação destes negócios jurídicos.

A matéria dos contratos surge dividida por duas secções: Secção V (Dos contratos em geral) e Secção VI (Dos contratos em especial). Nos contratos em geral (arts. 182.º e ss.), além de disposições gerais, surge a regulamentação das cláusulas contratuais gerais (arts. 202.º e ss.), do contrato de adesão (art. 226.º), do contrato a distância (arts. 227.º e ss.), do contrato ao domicílio (arts. 239.º e ss.), da venda automática (arts. 248.º e ss.) e das vendas especiais esporádicas (arts. 251.º e ss.).

Por seu turno, na Secção VI (Dos contratos em especial) encontra-se regulada a compra e venda de bens de consumo (arts. 254.º e ss.), a concessão de crédito (arts. 282.º e ss.), os serviços públicos essenciais (arts. 313.º e ss.), os direitos de habitação periódica (arts. 325.º e ss.) e as viagens turísticas e organizadas (arts. 361.º e ss.).

A distinção entre a parte geral e a parte especial dos contratos não é evidente. Vários dos regimes gerais correspondem a particularidades de contratos de compra e venda ou de prestação de serviços; assim, o contrato a distância ou ao domicílio. Por outro lado, em alguns contratos do regime geral alude-se concretamente à venda (ex., venda automática), sendo de questionar a não inclusão na parte especial.

II. Nestes aspectos de sistematização e âmbito é ainda de questionar a perspectiva bastante alargada do contrato a distância (art. 227.º).

Anteprojecto do Código do Consumidor – Contratos em Especial 61

Nomeadamente, apesar de o Código do Consumidor não regular os contratos de seguros, manda aplicar esta subsecção a estes contratos, sabendo-se que eles carecem de outra regulamentação.

3. Questões formais e de pormenor

I. Neste número alude-se a alguns aspectos de forma ou de pormenor que suscitam certas dúvidas.

II. Há artigos muito extensos, como o art. 230.°, espraiando-se por 4 páginas, não facilitando a compreensão do regime.

III. Nas alíneas, apesar de não ser regra (antes excepção), usam--se letras que não fazem parte do alfabeto português (como o k), *vd.* art. 230.°, n.° 2.

IV. Na medida do possível, deverão ser evitados termos estrangeiros, como *swaps* e *equity swaps* (art. 234.°, n.° 2, alínea g)).

V. Por vezes, são usadas expressões com um sentido jurídico pouco preciso. Assim, no art. 369.°, n.° 5, alude-se às «apólices de seguros vendidas pela agência de viagens». A expressão consta da legislação em vigor, mas, verdadeiramente, a agência não «vende» apólices de seguros.

VI. Há várias normas que não respeitam à relação de consumo e não visam a protecção do consumidor, mas foram incluídas no Código do Consumidor por «transposição» dos diplomas que serão revogados. Deste modo, as regras sobre autorizações, licenças administrativas, etc. dos agentes que negoceiam com o público consumidor talvez não devessem ser incluídas neste diploma (p. ex., arts. 330.°, 362.°, 382.° e 383.°).

VII. No art. 380.°, n.° 1, faz-se remissão para a Convenção de Varsóvia, de 1929 – tal como no diploma em vigor –, mas Portugal

62 *Estudos do Instituto de Direito do Consumo*

ratificou a Convenção para a Unificação de Certas Regras relativas ao Transporte Aéreo Internacional (Convenção de Montreal de 1999) em 2002 (Decreto n.º 39/2002, de 27 de Novembro de 2002) e esta convenção entrou em vigor, no 60.º dia depois de depositado o 30.º instrumento de ratificação, a 4 de Novembro de 2003.

VIII. No art. 204.º, n.º 1, alínea e), mantém-se a redacção vigente, mas talvez fosse necessário compatibilizar com o art. 96.º, 2.ª parte, do Código do Trabalho, onde se prescreve que «O regime das cláusulas contratuais gerais aplica-se (…) mesmo na parte em que o seu conteúdo se determine por remissão para cláusulas de instrumento de regulamentação colectiva de trabalho».

IX. A nulidade do contrato por falta de menções (art. 195.º, n.º 1, alínea a), 2.ª parte), em determinados casos, pode ser uma sanção excessiva, principalmente quando abundam as menções a incluir nos contratos (p. ex., arts. 234.º e 236.º). Assim, a nulidade do contrato, por falta de descrição especificada dos utensílios que constituem o equipamento da unidade de alojamento (art. 236.º, n.º 2, alínea h)), talvez seja excessiva.

X. A diferença de prazos para a designada livre resolução, mantendo a divergência actual, não é perceptível. Não parece sustentável, que subsistam prazos de sete, dez e catorze dias (respectivamente, arts. 187.º, 340.º, 233.º e 245.º) e, além disso, que os prazos, umas vezes, sejam dias úteis (arts. 187.º e 340.º) e, outras vezes, surjam como dias seguidos (arts. 233.º e 245.º).

4. Análise dos contratos em especial

I. Neste número far-se-á tão-só referências perfunctórias aos regimes propostos, até porque, em grande parte, se mantêm as soluções actualmente em vigor.

II. A compra e venda de bens de consumo vem regulada nos arts. 254.° e ss.

Quanto ao âmbito de aplicação, nota-se uma limitação ao não alargar o regime para os contratos de prestação de serviço, em particular a empreitada (art. 255.°). De facto, diferentemente da solução actual, ao atender à constituição ou transmissão de direitos reais ou pessoais de gozo, excluem-se do âmbito de aplicação do regime os contratos em que tal não ocorra. Cabe referir que a não aplicação, como regra, ao contrato de empreitada é benéfica, pois o regime do Código Civil é igualmente protector. Suscitar-se-ão, todavia, dúvidas na determinação de circunstâncias em que se constituem ou transmitem direitos pessoais de gozo.

A opção, tomada no art. 259.°, de permitir que os mecanismos sejam exercidos à escolha do consumidor, não corresponde à solução da directiva comunitária, contraria o regime do direito português e cria insegurança jurídica.

III. A concessão de crédito vem regulada nos arts. 282.° e ss.

Neste regime há duas soluções que suscitam certas dúvidas. A proibição de anatocismo (art. 298.°) é compreensível no que respeita aos juros compensatórios, de molde a não incrementar (inesperadamente) o preço final, mas não encontra a mesma justificação quanto aos juros de mora. Neste caso, o legislador está a beneficiar o infractor – consumidor que não paga atempadamente as dívidas –, com as consequências, em cadeia, que acarreta para os demais consumidores.

Por outro lado, não se percebe, primeiro, a inclusão sistemática do art. 194.° e, em especial, a remissão (exclusiva) para o n.° 3 do art. 305.°. Destes preceitos resultaria que aos contratos de crédito não se aplicariam as regras da coligação de contratos, nomeadamente a solução constante do art. 306.°, o que não será isento de reparos.

IV. No que respeita aos serviços públicos essenciais, previstos nos arts. 313.° e ss., cabe atender ao facto de não se atender ao conceito de consumidor (art. 10.°), nem sequer à extensão de regime (art. 11.°), mas à noção de utente. Ao utente, não consumidor, teoricamente não se aplicaria o Código do Consumidor, mas usa-se, agora, um critério diverso.

V. Os direitos de habitação periódica, tanto o direito real como o direito de habitação turística (obrigacional), surgem regulados nos arts. 325.º e ss.

Tal como em outros regimes, não se atende ao conceito de consumidor. A aplicação deste regime não se relaciona com a tutela do consumidor, pois vale relativamente a todas as pessoas, singulares e colectivas, independentemente da actividade que desenvolvam. Neste caso, a tutela advém da particularidade da situação – direito real de habitação periódica e direito de habitação turística – independentemente da qualidade do sujeito protegido.

Mantendo-se substancialmente o regime actualmente em vigor, cabe perguntar se não se deveria resolver a controvérsia em torno da possibilidade de aquisição do direito real por usucapião.

VI. O regime das viagens turísticas e organizadas encontra-se nos arts. 361.º e ss.

Mantendo-se substancialmente o regime em vigor – com algumas alterações como a supressão [correcta] de certas hipóteses de exclusão de responsabilidade actualmente existentes e dificilmente explicáveis (*vd.* art. 379.º n.º 4) –, cabe tão-só questionar duas soluções conexas.

Em primeiro lugar, mantém-se a distinção introduzida em 1997 (Decreto-Lei n.º 209/97, de 13 de Agosto) entre viagens organizadas e por medida. Esta distinção, que não constava do diploma de 1993 (Decreto-Lei n.º 198/93, de 27 de Maio), é discutível que esteja de acordo com a Directiva n.º 90/314/CEE, de 13 de Junho, tendo o Tribunal de Justiça, num pedido de decisão prejudicial, entendido que a solução nacional é desconforme com o direito comunitário.

Por outro lado, subsistindo esta distinção, dever-se-ia aclarar o sentido da limitação de responsabilidade constante do art. 379.º, n.º 5, esclarecendo que se aplicam as regras gerais de responsabilidade civil, nomeadamente da responsabilidade do comitente.

A REPARAÇÃO DE DANOS CAUSADOS AO CONSUMIDOR NO ANTEPROJECTO DO CÓDIGO DO CONSUMIDOR

LUÍS MANUEL TELES DE MENEZES LEITÃO

1. Introdução

No âmbito destas jornadas, relativas à discussão pública do Anteprojecto do Código do Consumidor, da Reparação de Danos, que ocupa o Capítulo V e último do Título II do Código, intitulado "Dos Direitos do Consumidor", sendo que a secção I, relativa à responsabilidade civil do produtor, ocupa os arts. 387º e ss., enquanto que os arts. 401º e ss., se referem à responsabilidade do prestador de serviços.

Examinemos sucessivamente estas duas situações:

2. A responsabilidade civil do produtor

Conforme se sabe, é pacífico nos direitos modernos que responsabilidade civil do produtor seja estabelecida a título objectivo, ou seja, independentemente da demonstração da culpa do lesante. Esta tendência surge em primeiro lugar na jurisprudência norte-americana, através do caso *Greenman v. Yuba Power Products* (1962), onde pela primeira vez se prevê uma *strict liability in tort*[1]. O precedente assim consagrado serviu de base a inúmeras outras decisões, tendo o correspondente princípio sido posteriomente recolhido em 1965 no *Restatement (second) of Torts*, secção 402-A, como registo da tendência dos tribunais[2].

Na Europa, a responsabilidade civil do produtor veio a ser objecto de uma Directiva Comunitária, relativa à aproximação de legislações entre os Estados membros, a Directiva 85/374/CEE, do Conselho de 25 de Julho de 1985[3], revista pela Directiva 1999/34/CE do Parlamento Europeu e do Conselho, de 10 de Maio de 1999[4], tendo a primeira sido transposta pelo D.L. 383/89, de 6 de Novembro, e a segunda pelo D.L. 131/2001, de 24 de Abril. Os arts. 387º e ss. do Anteprojecto recolhem essencialmente esse complexo normativo, estabelecendo o art. 387º a responsabilidade do produtor, independentemente de culpa, pelos danos causados por defeitos dos produtos que põe em circulação. Neste aspecto, a inovação do Anteprojecto baseia-se na mera recolha dessas disposições, mas não poderia ser de outra forma, dado que, estando em causa a transposição já efectuada de uma Directiva Comunitária, pouco se poderia alterar nesta sede.

Assim, nos termos do art. 388º, nº1. é considerado como produtor do veículo "o fabricante do produto acabado, de uma parte componente ou de matéria prima e ainda quem se apresente como tal pela aposição no produto do seu nome, marca ou sinal distintivo", e por extensão também "aquele que, na União Europeia e no exercício da sua activi-

---

[1] Cfr. *Greenman v. Yuba Power Products*, 59 *Cal. 2d*, 57 (1963). O caso dizia respeito a uma situação em que um consumidor é atingido na cara com um pedaço de madeira duma máquina pertencente a uma conjunto de ferramentas de carpintaria que lhe tinha sido oferecido pela mulher. O Tribunal considerou responsável o fabricante, independentemente da sua culpa, referindo que "a manufacture is strictly liable in tort when an article he places on the market, knowing that it is to be usedwithout inspection for defects, proves to have a defect that causes injury to a human being".

[2] Cfr. FERREIRA DE ALMEIDA, *Os direitos dos consumidores*, Coimbra, Almedina, p. 137 e CALVÃO DA SILVA, *Responsabilidade do produtor*, Coimbra, Almedina, 1990, pp. 421 e ss. Recentemente, este *Restatement* foi substituído pelo *Restatement (third) of Torts*.

[3] JOCE nº L 210 de 07/08/1985 pp. 29-33.

[4] JOCE nº L 141 de 04/06/1999, pp. 20-21.

A Reparação de Danos Causados ao Consumidor no Anteprojecto... 67

dade comercial importe do exterior da mesma produtos para venda, aluguer, locação financeira ou qualquer outra forma de distribuição" e "qualquer fornecedor de produto cujo produtor comunitário ou importador não esteja identificado, salvo se, notificado por escrito, comunicar ao lesado no prazo de três meses, igualmente por escrito a identidade de um ou outro, ou de algum fornecedor precedente" (art. 388°, n° 2). Existe aqui, porém, alguma desarmonia no Código, já que o conceito de produtor dado no art. 257°, n° 1, é diferente em alguns aspectos, e perguntamo-nos se não se poderia dar um conceito uniforme, o que seria dogmaticamente mais vantajoso.

Inovação importante e que nos parece positiva no Anteprojecto é a de estabelecer uma responsabilidade solidária do representante do produtor, considerando como tal qualquer distribuidor comercial do produtor e/ou centro autorizado de serviços pós-venda, com excepção dos vendedores independentes que sejam meros retalhistas (art. 257°, n° 3).

Não há grandes inovações nos arts. 390° e 391° de onde resulta a definição do produto como coisa móvel, ainda que incorporada noutra coisa, móvel ou imóvel, sendo ele considerado defeituoso quando não oferece a segurança com que legitimamente se pode contar, tendo em atenção todas as circunstâncias, designadamente a sua apresentação, a utilização que dele razoavelmente possa ser feita e o momento da sua entrada em circulação[5]. Mantém-se ainda no art. 394° o limite à ressarcibilidade dos danos, já que, nos termos deste regime apenas são ressarcíveis os danos resultantes de morte ou lesão corporal e os danos em coisa diversa do produto defeituoso, desde que seja normalmente destinada ao uso ou consumo privado e o lesado lhe tenha dado principalmente esse destino. Efectivamente, os chamados "danos patrimoniais puros" (*pure economic loss*), ou seja, os danos resultantes dos prejuízos sofridos com o inaproveitamento do produto não eram habitualmente ressarcíveis no âmbito do regime da responsabilidade do produtor. No entanto, posteriormente, o art. 6° do D.L. 67/2003, de 8 de Abril, veio admitir a possibilidade de o consumidor solicitar do produtor a reparação ou substituição da coisa defeituosa, em alternativa a

---

[5] Cfr. CALVÃO DA SILVA, *Responsabilidade*, pp. 633 e ss.

exercer esses direitos contra o vendedor, regime que o Anteprojecto transpõe igualmente no art. 260°. Ora, assim sendo parece haver alguma desarmonia interna, que talvez devesse ser corrigida por uma remissão.

O art. 391°, reproduz as exclusões tradicionais do art. 5° do D.L. 383/89, permitindo ao produtor ser isento de responsabilidade se provar:

a) que não pôs o produto em circulação
b) que, tendo em conta as circunstâncias, se pode razoavelmente admitir a inexistência do defeito no momento da entrada do produto em circulação;
c) que não fabricou o produto para venda ou qualquer outra forma de distribuição com um objectivo económico, nem o produziu ou distribuiu no âmbito da sua actividade profissional;
d) Que o defeito é devido à conformidade do produto com as normas imperativas estabelecidas pelas autoridades públicas;
e) que o estado dos conhecimentos científicos e técnicos, no momento em que pôs o produto em circulação não permitia detectar a existência do defeito;
f) que, no caso de parte componente, o defeito é imputável à concepção do produto em que foi incorporada ou às instruções dadas pelo fabricante do mesmo[6].

Trata-se, conforme se pode verificar de casos muito amplos de exclusão de responsabilidade, parecendo-nos ser de equacionar neste momento a manutenção da alínea e) que, ao excluir os danos resultantes dos riscos de desenvolvimento, aproxima bastante esta responsabilidade de uma responsabilidade por culpa[7]. Esta norma foi consagrada porque a Directiva, numa solução de compromisso, permitiu que alguns Estados membros mantivessem esta exoneração, a qual outros consideravam como uma restrição injustificada da protecção dos con-

---

[6] Cfr. CALVÃO DA SILVA, *Responsabilidade*, pp. 717 e ss.

[7] Sobre esta questão, veja-se CALVÃO DA SILVA, *Responsabilidade*, pp. 503 e ss.

A Reparação de Danos Causados ao Consumidor no Anteprojecto...

sumidores. Esta exoneração foi, porém, subordinada através do art. 15° da Directiva a um procedimento de *stand-still* comunitário para aumentar, se possível, o nível de protecção na Comunidade de modo uniforme, tendo-se previsto expressamente uma eventual revisão da Directiva neste ponto, após o estudo da sua utilização pelos tribunais[8]. Alguns Estados membros já vieram excluir, no entanto, esta defesa ou limitar o seu uso[9], e parece-nos Portugal deveria seguir idêntico caminho, como aliás sucede com o Brasil, que, embora tendo um regime de responsabilidade civil do produtor muito baseado na Directiva Comunitária, o § 3° do art. 12° do Código de Protecção e Defesa do Consumidor limita as exclusões da responsabilidade civil do produtor à demonstração da não colocação do produto no mercado, da inexistência do defeito ou da culpa exclusiva do consumidor ou de terceiro, não contemplando a defesa relativa aos riscos de desenvolvimento.

Os arts. 395° a 400° reproduzem os arts. 9° a 14° do D.L. 383/89, na redacção do D.L. 131/2001, de 24 de Abril), pelo que não nos suscitam observações especiais.

No âmbito da responsabilidade do produtor, o Anteprojecto do Código inova pouco, mas há que salientar que a nível comunitário já chegaram a ser propostos alguns desenvolvimentos importantes em sede de responsabilidade do produtor. Não era possível, porém, ao Anteprojecto aceitá-los, dado que a Directiva 85/374 não contém qualquer "cláusula mínima", que permita estabelecer um regime mais favorável em benefício do consumidor, ao contrário do que normalmente prevêem as outras Directivas nesta matéria. Temos, por isso, dúvidas que a relação directa do produtor perante o consumidor, instituída pelo D.L. 67/2003, e que o Anteprojecto reproduz no seu art. 260° seja conforme com o Direito Comunitário.

---

[8] A qual, no entanto, não foi ainda estabelecida na alteração efectuada pela Directiva 1999/34/CE, de 10 de Maio de 1999.

[9] Apenas a Finlândia e o Luxemburgo excluem inteiramente a defesa. A Alemanha e a Espanha excluem-na no caso de produtos farmacêuticos e em relação à Espanha, também na comida. A França, devido ao escândalo do sangue contaminado, excluiu-a no caso de produtos derivados do corpo humano. Cfr. FRANZ WERRO/ /VERNON PALMER, (org.), *The Boundaries of Strict Liability in European Tort Law*, Durhan NC/Bern/Bruxelles, Carolina Academic Press/Stämpfli/Bruylant, 2003, p. 442.

70 Estudos do Instituto de Direito do Consumo

Em termos de modificações que podem surgir nesta sede, deve referir-se que em 1999 a Comissão aprovou o Livro Verde sobre a responsabilidade civil decorrentes dos produtos defeituosos[10]. Nesse Livro Verde, surgem várias sugestões relativas à modificação do regime em sentido mais favorável ao consumidor, que passam designadamente por:

a) Previsão de uma presunção relativa ao nexo de causalidade, sempre que o lesado prove o dano e o defeito.
b) Estabelecimento de um grau de prova menos exigente (como, por exemplo, o de uma probabilidade superior a 60%).
c) Imposição ao produtor da obrigação de fornecer toda a documentação e informação útil ao lesado.
d) Imposição ao produtor da obrigação de pagar os custos da peritagem, a ser reembolsados no caso de o lesado perder o processo.
e) Em caso de produtos elaborados por várias fabricantes, em que seja difícil a demonstração de qual aquele a quem deve ser imputada a causação do dano, aplicação da teoria americana da *market share liability*, em que a vítima só que provar a ligação entre o dano e o produto, sem ter que identificar o produtor.

O Comité Económico e Social adoptou, em 1 de Março de 2000, um parecer sobre o Livro Verde[11], tendo o Parlamento Europeu votado uma resolução sobre o Livro Verde na sua sessão de Março de 2000. Em consequência, a Comissão apresentou em 31 de Janeiro de 2001 um Relatório sobre a aplicação da Directiva 85/374 em matéria de responsabilidade civil resultante de produtos defeituosos[12]. Esse relatório acaba, porém, por considerar desnecessárias as propostas constantes do Livro Verde, por considerar que os sistemas jurídicos dos Estados-Membros já respondem adequadamente às questões da prova, e que a doutrina americana da responsabilidade pela quota do mercado se apre-

---

[10] COM (1999) 396. Este documento encontra-se sumarizado em http://europa.eu.int/scadplus/leg/en/lvb/l32040.htm.

[11] J.O. C 117 de 26/4/2000, p. 1.

[12] COM (2000) 893 final,

A Reparação de Danos Causados ao Consumidor no Anteprojecto... 71

senta como inadequada, pois estabelece a responsabilização a quem não tem relação com os danos causados e dificulta as possibilidades de seguro.

3. A responsabilidade civil do prestador de serviços

Uma inovação importante do Anteprojecto é o de estabelecer, ao lado da responsabilidade civil do produtor, um regime específico relativo à responsabilidade civil do prestador de serviços. Efectivamente, a Comunidade Europeia procura sem êxito desde 1985 estabelecer um regime comum para a responsabilidade civil do prestador de serviços, concomitantemente com a responsabilidade do produtor. Após intenso debate, no entanto, a Comissão Europeia acabou na proposta de 24 de Junho de 1990, por abandonar a ideia de responsabilidade objectiva e optar por um sistema de culpa presumida[13]. Embora bem recebido pelas associações de consumidores, esse projecto viria a merecer críticas das associações profissionais, que motivaram um parecer desfavorável do Comité Económico-Social. Em consequência, após vivo debate na Comissão Jurídica do Parlamento Europeu, o projecto acabou por ser retirado em 1993, solicitando-se à Comissão que apresentasse nova proposta de Directiva. A Comissão limitou-se, porém, a apresentar em comunicação as suas orientações em matéria de responsabilidade civil do prestador de serviços[14]. Tem sido salientado que os maiores obstáculos à harmonização do regime resultaram da inclusão da actividade médica neste âmbito, por causa dos problemas que criava ao normalmente desenvolvimento dessa actividade profissional[15].

---

[13] Cfr. Projecto de Directiva sobre a responsabilidade do prestador de serviços COM (90) 482 final – SYN 308, publicado no J.O. nº C-12, de 18 de Janeiro de 1991

[14] Cfr. Comunicação da Comissão COM 94 (260) final, de 23 de Junho de 1994, relativa às novas orientações em matéria de responsabilidade do prestador de serviços.

[15] Cfr. J. MIGUEL LOBATO GOMÉZ, "A aplicabilidade do Código de Defesa do Consumidor ao contrato de serviços médidos e à responsabilidade civil dele decorrente", em *Jus Navigandi*, Teresina a. 8., n. 387, 29 de Julho de 2004, disponível em http://jus2.uol.com.br/doutrina/texto.asp?id=5507 (visitado Junho 2006).

É, por isso, de aplaudir a proposta do Anteprojecto, que estabelece a responsabilidade do prestador de serviços pelos danos causados por sua culpa, no âmbito da prestação de serviço, à saúde e à integridade física do consumidor ou a bens móveis ou imóveis, incluindo os que foram objecto do serviço prestado (art. 401º), sendo que o ónus da prova da falta de culpa compete ao prestador de serviço (art. 402º, nº 1).

Questão controversa é a introdução de uma regime especial pela prestação de cuidados de saúde, nos arts. 405º e 406º. É efectivamente de salientar que não tem sido habitual no Direito Comparado o enquadramento da relação médico-doente no âmbito das relações de consumo para efeitos da sua responsabilização como prestador de serviços ao consumidor. O Código de Protecção e Defesa do Consumidor brasileiro estabelece uma responsabilidade objectiva do prestador de serviços (art. 14º), da qual, porém, são, porém, excluídos os profissionais liberais, que apenas são responsabilizados com base na culpa (art. 14º, § 4º), o que a doutrina tem considerado abranger os médicos.

Já os arts. 25º e ss. da *Ley General Defensa de los Consumidores y Usuarios* espanhola estabelecem uma responsabilidade objectiva pelos danos causados ao consumidor tanto em relação ao produtor, como em relação ao prestador de serviços, sendo que o art. 28º, nº 2, inclui expressamente os serviços sanitários nesse âmbito de protecção. No entanto, a Lei 22/1994, de 6 de Julho que transpõe a Directiva Comunitária relativa à responsabilidade civil do produtor não inclui qualquer menção à responsabilidade civil do prestador de serviços.

É, por isso, importante o regime consagrado nos arts. 405º e 406º, ainda que me pareça que o ónus da prova no nº 2 do art. 405º é bastante exigente, já que obriga o autor a provar os danos sofridos, a sua ligação causal com os cuidados prestados e omitidos, assim como da desadequação dos meios de diagnóstico e de terapêutica aplicados em face dos conhecimento técnicos disponíveis, o que praticamente implica destruir a presunção de culpa constante do art. 402º, nº 1. Para além disso, parece criticável que no âmbito da responsabilidade do prestador de serviços não seja estabelecido o conceito de culpa do serviços, limitando-se o art. 406º a estabelecer uma responsabilidade solidária das unidades privadas de saúde com os médicos que nela prestam serviços.

4. Conclusão

O Anteprojecto do Código do Consumidor agora apresentado constitui uma reforma globalmente positiva, que permitirá um maior conhecimento e efectividade deste ramo do Direito. Em relação à reparação dos danos causados ao consumidor, há porém algumas soluções que talvez merecessem revisão na versão final que vier a ser aprovada.

ARBITRAGEM DE CONFLITOS DE CONSUMO: DA LEI N.º 31/86 AO ANTEPROJECTO DE CÓDIGO DO CONSUMIDOR*

DÁRIO MOURA VICENTE
Professor da Faculdade de Direito de Lisboa

Sumário: I. Delimitação do tema; sua actualidade. II. Principais interesses em jogo. III. Fontes a considerar; necessidade de um regime legal específico. IV. A convenção de arbitragem. V. O tribunal arbitral. VI. O processo arbitral. VII. A decisão arbitral. VIII. A execução da decisão arbitral. IX. A arbitragem internacional. X. A arbitragem institucional.

I. Delimitação do tema; sua actualidade

1. Vamos ocupar-nos na presente comunicação do regime jurídico da arbitragem de conflitos de consumo. Importa, antes de mais, delimitar este conceito, a fim de precisarmos o objecto da nossa indagação.

---

* Texto que serviu de base às conferências proferidas pelo autor em 6 de Julho de 2006, no *Seminário sobre problemas e perspectivas actuais da arbitragem*, promovido pela Associação Portuguesa de Arbitragem, e em 18 de Julho de 2006, no *Curso de Pós-Graduação em Direito do Consumo*, organizado pelo Instituto de Direito do Consumo da Faculdade de Direito de Lisboa.

Genericamente, pode dizer-se que se trata da *arbitragem que tem por objecto próprio conflitos de consumo*. Estes últimos, tendo em conta a noção de consumidor que é dada pela Lei n.º 24/96, de 31 de Julho (Lei de Defesa do Consumidor), podem ser definidos como os que decorrem do fornecimento de bens ou serviços e da transmissão de direitos destinados a uso não profissional, sendo que esse fornecimento é feito por pessoa que exerça com carácter profissional uma actividade económica, visando a obtenção de benefícios.

Observe-se que esta definição não restringe a figura do adquirente de bens ou serviços ou do transmissário de direitos que é parte no conflito de consumo – i.é, o consumidor – às pessoas singulares. Pode, por conseguinte, haver uma arbitragem de conflitos de consumo cujas partes sejam ambas pessoas colectivas: tudo depende da finalidade a que se destinam os bens ou serviços prestados ou os direitos transmitidos.

2. É inequívoca a actualidade do tema. Por duas ordens de razões.

Em primeiro lugar, porque foi publicado em Março deste ano, por iniciativa do Ministério da Economia e da Inovação, o *Anteprojecto de Código do Consumidor*, fruto de vários anos de trabalho de uma comissão de peritos para o efeito designada pelo Governo, presidida pelo Professor António Pinto Monteiro, o qual constituirá seguramente, caso venha a ser aprovado e posto em vigor, a mais relevante reforma do Direito Privado português desde a publicação do Código Civil de 1966[1]. Ora, o *Anteprojecto*, como não podia deixar de ser, em ordem a assegurar uma tutela jurisdicional efectiva aos consumidores (que, de acordo com o célebre dito do Presidente Kennedy, somos afinal todos nós), preocupou-se também com a arbitragem, que é objecto de vários dos seus preceitos.

Em segundo lugar, pela enorme importância prática que a figura da arbitragem de conflitos de consumo conquistou nos últimos anos. A maioria das arbitragens realizadas no nosso País desde a publicação da

---

[1] Sobre esse anteprojecto, veja-se António Pinto Monteiro, «O anteprojecto do Código do Consumidor», *Revista de Legislação e Jurisprudência*, Março/Abril 2006, pp. 190 ss.

Lei n.º 31/86 pertencem a este domínio[2]; e a tendência, a avaliar pelo número de centros de arbitragem de conflitos de consumo entretanto constituídos, é claramente para a crescente divulgação da figura.

II. Principais interesses em jogo

3. Agora pergunta-se: porquê a arbitragem de conflitos de consumo? Que razão ou razões devem levar o legislador a promover esta forma de composição de litígios e as partes nos conflitos de consumo a interessarem-se por ela? Quais, em suma, os interesses que a justificam?

Supomos que estes são redutíveis a três:

1.º – A resolução da crise judiciária que o País atravessa, bem patente nos dados ultimamente publicados sobre o número de pendências nos tribunais judiciais, pressupõe inevitavelmente que se aliviem esses tribunais da sobrecarga de serviço que sobre eles impende desde a explosão de processos ocorrida em Portugal a partir dos anos 80. As pequenas causas, entre as quais se incluem muitos conflitos de consumo, podem e devem por isso ser preferentemente remetidas para outras instâncias jurisdicionais, entre as quais os tribunais arbitrais.

---

2 A título de exemplo, refira-se que o Centro de Arbitragem de Conflitos de Consumo de Lisboa – o mais antigo a funcionar em Portugal – recebeu nos primeiros doze anos de actividade (entre 1989 e 2001) reclamações que deram origem a 6533 processos, dos quais 2273 foram resolvidos por sentença arbitral. Cfr. Isabel Mendes Cabeçadas, «Arbitragem de conflitos de consumo – a experiência de Lisboa», *in Estudos de Direito do Consumidor*, n.º 3, Coimbra, 2001, pp. 373 ss. (p. 380); *idem, in* Direcção-Geral da Administração Extrajudicial/Ministério da Justiça, *II Conferência: Meios Alternativos de Resolução de Litígios*, Lisboa, 2003, pp. 11 ss. (p. 17). Vários outros centros de arbitragem de conflitos de consumo foram entretanto constituídos em diversas localidades do País. Cfr. a Portaria n.º 81/2001, de 8 de Fevereiro, que actualiza a lista das entidades autorizadas a realizarem arbitragens voluntárias institucionalizadas.

2.º – A protecção do consumidor depende não apenas da consagração legal de um vasto número de direitos, como já acontece em Portugal (em boa medida, deve dizer-se, por indução da Comunidade Europeia e das Directivas desta emanadas sobre a matéria), mas também da existência de uma efectiva tutela jurisdicional para esses direitos, que os tribunais do Estado, pelas delongas e pelos encargos que lhes estão associados, nem sempre estão em condições de assegurar ao consumidor. A arbitragem apresenta-se, pois, neste âmbito, como uma importante garantia do consumidor.

3.º – Mas não é apenas ao Estado e aos consumidores que interessa a resolução pela via arbitral dos conflitos de consumo: também para as empresas que comercializam bens de grande consumo a arbitragem tem inegáveis vantagens, nomeadamente a confidencialidade do processo arbitral, que protege a sua imagem comercial em caso de litígio com um consumidor relativo, *v.g.*, à qualidade dos seus bens ou serviços.

III. Fontes a considerar; necessidade de um regime legal específico

4. Não existe entre nós, por enquanto, um regime legal específico da arbitragem de conflitos de consumo. Valem, pois, quanto a ela, em tudo o que não seja incompatível com a sua natureza particular, as regras comuns sobre a arbitragem voluntária, que figuram na Lei n.º 31/86, de 31 de Agosto, em vigor desde 29 de Novembro de 1986, entretanto alterada pelo D.L. n.º 38/2003, de 8 de Março, que deu nova redacção aos seus arts. 11.º e 12.º.

Há, é certo, que tomar em consideração, entre as fontes do regime jurídico da arbitragem de conflitos de consumo, os regulamentos dos centros de arbitragem[3]. Estes assumem especial importância nas arbitragens de conflitos de consumo, pois a maioria das arbitragens deste tipo decorre no âmbito de tais centros.

---

[3] Podem consultar-se vários desses regulamentos na colectânea intitulada *Arbitragem de conflitos de consumo*, editada em 1997 pelo Instituto do Consumidor. Veja-se ainda um elenco dos mesmos em http://www.consumidor.pt.

A verdade, porém, é que a eficácia desses regulamentos se encontra subordinada à das regras legais imperativas aplicáveis e, só por si, os mesmos não podem dar resposta a um certo número de questões específicas suscitadas pela arbitragem de conflitos de consumo.

O regime comum da arbitragem assenta, com efeito, no pressuposto da igualdade fundamental das partes. Ora, na arbitragem de conflitos de consumo essa igualdade não se verifica; existe, pelo contrário, uma parte que, em virtude de não ter competência específica para a transacção em causa, carece de especial protecção. Por outro lado, situamo-nos aqui no domínio do fornecimento de produtos ou serviços em massa, o qual não se compadece facilmente com a negociação individualizada de cláusulas contratuais, inclusive das referentes à resolução de litígios. Finalmente, o fornecimento de produtos ou serviços aos consumidores implica frequentemente a celebração de contratos em cadeia, sendo que só o profissional que integra o último elo dessa cadeia se encontra em relação directa com o consumidor. Não obstante isso, o consumidor pode ter interesse em demandar directamente o produtor, o que em certas circunstâncias a nossa lei permite, assim como pode o profissional que lhe forneceu bens ou serviços ter interesse em exercer contra o produtor o direito de regresso que a lei igualmente lhe confere. Mas, como vamos ver em seguida, não é fácil, perante o direito vigente, o exercício destes direitos pela via arbitral.

A arbitragem de conflitos de consumo suscita, pelo exposto, um certo número de problemas específicos, que reclamam regras próprias. É desses problemas específicos, e da resposta que o Direito vigente e o Anteprojecto de Código do Consumidor lhes procurou dar, que vamos cuidar em seguida.

IV. A convenção de arbitragem

5. Examinemos em primeiro lugar os problemas que suscita a arbitragem de conflitos de consumo no tocante à convenção de arbitragem.

Consiste esta, como se sabe, no acordo pelo qual as partes submetem à decisão de árbitros um litígio actual ou os litígios eventuais emergentes de determinada relação jurídica. Consoante se trate da primeira ou da segunda destas situações, fala-se de compromisso arbitral ou de cláusula compromissória, as quais são, assim, as duas modalidades possíveis da convenção de arbitragem. Prevê-o, expressamente, o n.º 2 do art. 1.º da Lei n.º 31/86.

A convenção de arbitragem é um contrato; como tal, está sujeita ao princípio da liberdade de contratar. Este envolve, como é sabido, a liberdade de não contratar. Em princípio, a celebração de uma convenção de arbitragem não pode, por isso, ser imposta.

A esta luz, deve concluir-se que não têm a natureza de convenções de arbitragem – não produzindo, por conseguinte, os efeitos próprios destas – as *declarações de adesão* de agentes económicos aos centros de arbitragem de conflitos de consumo, que alguns regulamentos destes centros prevêem e que habilitam os aderentes, nomeadamente, a ostentar nos respectivos estabelecimentos um sinal distintivo particular[4]; até porque esses regulamentos não dispensam os aderentes de celebrar a convenção de arbitragem[5].

Tais declarações valerão, quando muito, como promessas unilaterais de celebração de convenções de arbitragem. A lei não as prevê, é certo, especificamente; mas não temos dúvidas de que, à luz do Direito vigente, devem ser tidas como admissíveis.

6. Pelo que respeita ao objecto da convenção de arbitragem, estabelece o n.º 1 do art. 1.º da Lei n.º 31/86 que só os litígios que não respeitem a direitos indisponíveis podem ser submetidos a árbitros.

Deve notar-se, a este propósito, que não contende com a «arbitrabilidade» dos conflitos de consumo a circunstância de as normas que consagram direitos dos consumidores terem, por força do disposto no art. 16.º da Lei n.º 24/96, *carácter injuntivo* (princípio que o Anteprojecto de Código do Consumidor igualmente acolhe no art. 199.º).

É no plano do Direito aplicável pelos árbitros à questão de mérito, e não no da arbitrabilidade do litígio, que deve ser tomada em consideração a natureza específica desses direitos: como veremos, as normas

---

[4] Cfr. a este respeito, por exemplo, o art. 6.º do regulamento do Centro de Arbitragem de Conflitos de Consumo da Cidade de Lisboa.

[5] *Ibidem*, art. 7.º.

legais imperativas que os consagram não podem ser afastadas por mero efeito da vontade das partes, ainda que os árbitros hajam sido autorizados a julgar segundo a equidade.

Nesta matéria, há-de ainda ter-se presente que o art. 21.º, alínea *h)*, do D.L. n.º 446/85, de 25 de Outubro, que instituiu o regime jurídico das cláusulas contratuais gerais (a que corresponde o art. 222.º, alínea *h)*, do Anteprojecto de Código do Consumidor), estabelece serem em absoluto proibidas, nas relações com consumidores finais, as cláusulas deste tipo que «excluam ou limitem de antemão a possibilidade de requerer tutela judicial para situações litigiosas que surjam entre os contratantes ou prevejam modalidades de arbitragem que não assegurem as garantias de procedimento estabelecidas na lei».

Também daqui não deriva, a nosso ver, a exclusão da arbitrabilidade dos conflitos de consumo. Daquele preceito apenas se retira, com efeito, a exigência de que a inserção de cláusulas compromissórias em contratos de adesão celebrados com consumidores não importe a exclusão ou limitação do recurso pelos consumidores aos tribunais judiciais. Tais cláusulas hão-de, por isso, interpretar-se no sentido de que conferem ao tribunal arbitral uma *competência concorrente* com a dos tribunais judiciais[6].

Não é, em todo o caso, imune à crítica esta solução, que neutraliza, relativamente ao co-contratante do consumidor, uma das principais vantagens que, como vimos atrás, este pode extrair da sujeição de um litígio a arbitragem. Ressuma nela, além disso, uma certa desconfiança relativamente à arbitragem como meio de composição de conflitos de consumo, que se afigura carecida de justificação no quadro da lei portuguesa.

7. A exigência da convenção de arbitragem como condição *sine qua non* da competência do tribunal arbitral, ao menos na arbitragem voluntária, suscita outra questão delicada, a que já aludimos acima.

---

[6] Veja-se, em sentido próximo, Maria José Capelo, «A lei de arbitragem voluntária e os centros de arbitragem de conflitos de consumo (Breves considerações)», *in Estudos de Direito do Consumidor*, nº 1, Coimbra, 1999, pp. 101 ss. (pp. 114 s.).

Nas vendas de bens de consumo, o exercício pelo consumidor de qualquer dos direitos que lhe atribui o art. 4.º do D.L. n.º 67/2003, de 8 de Abril (correspondente ao art. 259.º do Anteprojecto de Código do Consumidor), em caso de falta de conformidade do bem fornecido com o contrato, confere ao vendedor *direito de regresso* contra o profissional a quem tiver adquirido o bem por todos os prejuízos causados pelo exercício daqueles direitos (arts. 7.º do citado diploma legal e 266.º do Anteprojecto). Este direito de regresso é da máxima importância para o vendedor, atenta a presunção de que a falta de conformidade já existia à data da entrega do bem, desde que a mesma se manifeste no prazo de dois ou cinco anos, consoante se trate de coisa móvel ou imóvel, consignada no art. 3.º, n.º 3, do D.L. n.º 67/2003 (assim como no art. 256.º, n.º 2, do Anteprojecto).

Ora, o vendedor pode, para o efeito, chamar a juízo, na acção intentada pelo consumidor, o profissional que lhe forneceu o bem (arts. 8.º, n.º 1, do citado D.L. n.º 67/2003 e 267.º do Anteprojecto, que remetem para o art. 329.º, n.º 2, do Código de Processo Civil). Pergunta-se pois: poderá também fazê-lo no processo arbitral contra si instaurado pelo consumidor?

A resposta é a nosso ver afirmativa: hoje admite-se com grande amplitude, entre nós e no estrangeiro, a chamada *arbitragem multipartidos*[7].

Simplesmente, o chamado não pode ser obrigado a intervir no processo arbitral sem o seu consentimento. Se este não for dado, a sentença arbitral que eventualmente venha a ser proferida não produz qualquer efeito contra ele. O próprio consumidor não pode ser obrigado, perante o regime vigente, a aceitar a participação no processo arbitral, como parte, de alguém com quem não celebrou a convenção de arbitragem.

O que nos conduz à conclusão de que, enquanto não houver regras legais que resolvam estes problemas, a arbitragem enfermará de *sérias*

---

[7] Veja-se, por último, Julian Lew/Loukas Misteli/Stefan Kröll, *Comparative International Commercial Arbitration,* Haia/Londres/Nova Iorque, 2003, pp. 377 ss. Na doutrina nacional, consulte-se Manuel Botelho da Silva, «Pluralidade de partes em arbitragens voluntárias», *in Estudos em Homenagem à Professora Doutora Isabel de Magalhães Collaço,* vol. II, Coimbra, 2002, pp. 499 ss.

limitações como modo de resolução de litígios entre vendedores e consumidores quando os primeiros pretendam exercer o referido direito de regresso. Eis aqui, por conseguinte, uma questão a reclamar a atenção do legislador. Não podendo prescindir-se do consentimento do chamado, haveria que prever pelo menos a dispensa da concordância do consumidor para a intervenção daquele no juízo arbitral, bem como o regime da designação dos árbitros nestes casos.

Na ausência de regras legais, só por via de estipulações contratuais que prevejam a intervenção obrigatória no processo arbitral do fornecedor do vendedor pode este precaver-se contra o risco de decisões contraditórias sobre a desconformidade dos bens que forneceu ao consumidor.

V. **O tribunal arbitral**

8. No tocante à composição do tribunal arbitral, consagra-se no art. 6.º, n.º 1, da Lei o princípio segundo o qual este deve ser composto por um número ímpar de árbitros. Na falta de acordo das partes quanto ao número de membros do tribunal, este será composto por três árbitros. A violação destas regras importa a anulabilidade da decisão arbitral.

A maior parte dos regulamentos de arbitragem de conflitos de consumo adopta o sistema do *árbitro único*[8]; o que se explicará por razões de economia e pela simplicidade de que se reveste o julgamento de muitos desses conflitos.

Menos justificável afigura-se-nos a previsão, também constante de alguns desses regulamentos, de que o árbitro – amiúde referido como «juiz árbitro» – seja designado pelo Conselho Superior da Magistratura[9]. Semelhante solução parece-nos, com efeito, desconforme com o espírito do instituto em apreço, que assenta em alguma medida na *auto-regulação* pelos interessados dos seus litígios.

---

[8] *Ibidem*, art. 8.º.

[9] *Ibidem, idem.*

VI. O processo arbitral

9. Vejamos agora o regime do processo arbitral.

De acordo com o disposto no art. 15.º da Lei n.º 31/86, as partes podem escolher, na convenção de arbitragem ou em escrito posterior até à aceitação do primeiro árbitro, as regras de processo a observar na arbitragem.

Em qualquer caso, quatro princípios fundamentais devem ser observados no processo arbitral, segundo o art. 16.º da Lei: igualdade de tratamento entre as partes; citação do demandado para se defender; contraditório em todas as fases do processo; e audição de ambas as partes, oralmente ou por escrito, antes da prolação da decisão arbitral.

Ora, é muito duvidosa a conformidade com o primeiro desses princípios das disposições constantes de certos regulamentos de arbitragem de conflitos de consumo que consagram a chamada *unidireccionalidade do processo*[10], ou seja, a restrição ao consumidor do poder de instaurar a acção perante o tribunal arbitral[11].

Outra questão a ponderar nesta sede prende-se com a representação das partes perante o tribunal arbitral. Esta é facultativa de acordo com o art. 17.º da Lei n.º 31/86. As partes podem, portanto, pleitear por si perante os tribunais arbitrais a quem confiem a resolução de conflitos de consumo.

Alguns regulamentos de arbitragem prevêem que a representação do consumidor seja feita por uma associação de defesa do consumidor[12]. Mas não temos por inequívoca a compatibilidade dessa solução com o disposto na Lei n.º 49/2004, de 24 de Agosto, que define o sentido e alcance dos actos próprios dos advogados, e no Estatuto da Ordem dos Advogados, aprovado pela Lei n.º 15/2005, de 29 de Janeiro, que reservam aos advogados a prática de actos próprios da

---

[10] A expressão é empregada entre nós, designadamente, por Isabel Oliveira, «A arbitragem de consumo», *in Estudos de Direito do Consumidor*, n.º 2, 2000, pp. 371 ss. (p. 399).

[11] Essa restrição está implícita, por exemplo, no art. 11.º, n.º 1, do regulamento anteriormente citado.

[12] Assim, por exemplo, o art. 18.º, nº 2, do regulamento citado nas notas anteriores.

profissão, entre os quais o mandato judicial conferido para ser exercido perante tribunais arbitrais[13].

VII. A decisão arbitral

10. A decisão arbitral encontra-se regulada nos arts. 19.º a 26.º da Lei.

Interessam-nos sobretudo, a este respeito, os critérios de julgamento do mérito da causa nas arbitragens de conflitos de consumo.

A regra geral consta do art. 22.º, de acordo com o qual os árbitros decidem segundo o Direito constituído salvo se as partes os autorizarem a julgar segundo a equidade[14]. Será isso possível na arbitragem de conflitos de consumo? Pensamos que sim, desde que se tenha presente que a decisão *ex aequo et bono* não é uma decisão livre: o tribunal arbitral com poderes de julgamento segundo a equidade, embora não esteja estritamente vinculado aos critérios normativos fixados na lei substantiva, não se encontra dispensado de fundamentar a sua decisão, devendo indicar as razões de conveniência, de oportunidade e de justiça concreta em virtude das quais se afasta da solução consagrada na norma positiva aplicável. A circunstância de o tribunal arbitral dispor dos referidos poderes não deverá, por conseguinte, ter como resultado a diminuição do nível de protecção do consumidor que lhe confere o Direito constituído.

11. Pode, além disso, perguntar-se qual a relevância dos *códigos de conduta*[15] e outros instrumentos ditos de auto-regulação nas decisões a proferir por tribunais arbitrais sobre conflitos de consumo.

---

[13] Cfr., porém, em sentido diverso, à luz da lei anterior, José Luís Lopes dos Reis, *Representação forense e arbitragem*, Coimbra, 2001, pp. 117 ss.

[14] No mesmo sentido, veja-se o art. 13.º do referido regulamento.

[15] De que é exemplo o *Código de conduta em matéria de publicidade* elaborado pelo Instituto Civil de Autodisciplina da Publicidade, disponível em http://www.icap.pt.

Supomos que tais códigos devem ser aplicados pelos árbitros pelo menos em duas situações:

1.º – Sempre que possam considerar-se incorporados nos contratos em apreço, por via de uma referência a eles feita no clausulado contratual;
2.º – Quando correspondam a usos geralmente observados em determinado sector da actividade económica (embora, neste caso, apenas como elementos de interpretação e integração das declarações negociais das partes).

Em qualquer caso, também a aplicação dos códigos de conduta não deve privar o consumidor da protecção que lhe dispensam as normas imperativas da lei aplicável ao mérito da causa. A sua função é, assim, essencialmente supletiva e integradora das regras legais aplicáveis.

VIII. A execução da decisão arbitral

12. Os tribunais arbitrais não têm competência para executar as suas próprias decisões. Para esse efeito, é necessário recorrer aos tribunais comuns.

À decisão arbitral assiste, nos termos dos arts. 26.º, n.º 2, da Lei e 48.º, n.º 2, do Código de Processo Civil, a mesma força executiva de que goza a sentença do tribunal judicial de primeira instância.

Por força do disposto nos arts. 812.º-A, n.º 1, e 812.º-B, n.º 1, do Código de Processo Civil, introduzidos neste diploma pelo D.L. n.º 38/2003, de 8 de Março, não há lugar a despacho liminar, nem a citação prévia do executado, nas execuções baseadas em decisão arbitral. Contudo, se o funcionário judicial duvidar de que o litígio podia ser cometido à decisão de árbitros – quer por estar submetido, por lei especial, exclusivamente a tribunal judicial ou a arbitragem necessária, quer por o direito litigioso não ser disponível pelo seu titular –, deve por ele ser suscitada a intervenção do juiz (art. 812.º-A, n.º 3, alínea c), do Código).

Arbitragem de Conflitos de Consumo... 87

No intuito de facilitar a execução das decisões condenatórias proferidas pelos tribunais arbitrais dos centros de arbitragem de conflitos de consumo, o D.L. n.º 103/91, de 8 de Março, isentou essas execuções de preparos e custas.

IX. A arbitragem internacional

13. Uma palavra agora a respeito da arbitragem internacional.

Cada vez mais as relações de consumo transcendem as fronteiras dos Estados. Isto, em especial, após o advento da Internet e do chamado comércio electrónico – que colocou ao alcance dos consumidores milhões de estabelecimentos «virtuais», disponíveis a partir de qualquer ponto do globo onde haja acesso à rede –, bem como da entrada em circulação do Euro, que tornou mais facilmente comparáveis os preços dos bens de consumo praticados nos Estados-Membros da Comunidade Europeia que o adoptaram.

Ora, também os conflitos emergentes das relações de consumo com carácter internacional podem ser submetidos a árbitros, com inegáveis vantagens, designadamente, para os consumidores, que assim se vêem dispensados dos incómodos e encargos inerentes ao recurso aos tribunais estaduais.

À arbitragem internacional de conflitos de consumo são aplicáveis as regras especiais constantes dos arts. 33.º a 35.º da Lei n.º 31/86.

A arbitragem internacional encontra-se, é certo, definida no art. 32.º da Lei como «a que põe em jogo interesses do comércio internacional». Mas a expressão «comércio internacional», empregada neste preceito, deve ser entendida em sentido amplo, por forma a abranger toda a circulação de bens, serviços ou capitais através das fronteiras[16]. É, a nosso ver, também este o caso dos contratos de consumo concluídos «à distância»[17].

---

[16] Veja-se sobre o ponto o nosso *Da arbitragem comercial internacional. Direito aplicável ao mérito da causa*, Coimbra, 1990, pp. 38 ss., e a bibliografia aí citada.

[17] Mas veja-se em sentido diverso Luís de Lima Pinheiro, *Arbitragem transnacional*, Coimbra, 2005, p. 37.

Coloca-se a respeito dessas situações o problema da determinação do Direito aplicável pelos árbitros. Dele se ocupa o art. 33.º da Lei n.º 31/86, nos termos do qual assiste às partes na arbitragem internacional a faculdade de escolher o Direito aplicável pelos árbitros (n.º 1). Se as partes não tiverem escolhido o Direito aplicável, aplica-se, nos termos do n.º 2 desse preceito, o «Direito mais apropriado ao litígio». Assim, os tribunais arbitrais a que caiba julgar conflitos de consumo com carácter internacional podem, por força destas disposições, aplicar Direito estrangeiro.

14. Não se estabelecem na Lei da Arbitragem Voluntária quaisquer limites à aplicabilidade do Direito escolhido pelas partes. Pergunta-se, pois, se a escolha do Direito aplicável à relação material litigada é, no caso dos conflitos de consumo com carácter internacional, inteiramente livre.

Supomos que a resposta deverá ser negativa.

Na verdade, o art. 5.º da Convenção de Roma de 1980 Sobre a Lei Aplicável às Obrigações Contratuais[18], em vigor entre nós desde 1994, estabelece um importante limite ao princípio da autonomia da vontade pelo que respeita aos contratos celebrados por consumidores[19]. Esse preceito procura garantir ao consumidor, em determinadas circunstâncias que o n.º 2 especifica, a protecção que lhe é conferida pelas disposições imperativas da lei da sua residência habitual, a qual não pode ser derrogada através da escolha de uma lei diferente.

A Convenção de Roma não será, decerto, directamente aplicável aos litígios submetidos à arbitragem; mas as regras que nele se estabelecem podem e devem ser tomadas em consideração na determinação do Direito aplicável ao mérito da causa na arbitragem – até por uma razão de unidade da ordem jurídica.

Nesta linha de orientação se pronunciou, aliás, a Comissão Europeia no n.º V da *Recomendação relativa aos princípios aplicáveis aos*

---

[18] A que Portugal aderiu pela convenção assinada no Funchal em 18 de Maio de 1992, aprovada para ratificação pela Resolução da Assembleia da República n.º 3/94, *in Diário da República,* I Série-A, n.º 28, de 3 de Fevereiro de 1994.

[19] Sobre o tema, *vide* o nosso estudo «Lei reguladora dos contratos de consumo», *in Estudos do Instituto de Direito do Consumo,* vol. II, Coimbra, 2005, pp. 75 ss.

organismos responsáveis pela resolução extrajudicial de conflitos de consumo, adoptada em 30 de Março de 1998[20]. Aí se refere, com efeito, que, «tratando-se de litígios transfronteiriços, a decisão do organismo não pode ter como resultado privar o consumidor da protecção que lhe asseguram as disposições imperativas da lei do Estado-Membro no qual o consumidor tem a sua residência habitual, nos casos previstos no artigo 5.º da Convenção de Roma de 19 de Junho de 1980 relativa à lei aplicável às obrigações contratuais».

Outras limitações à aplicação da lei escolhida pelas partes nos contratos de consumo resultam do disposto no art. 23.º do D.L. n.º 446/85, de 25 de Outubro, que institui o regime jurídico das cláusulas contratuais gerais, e do art. 11.º do citado D.L. n.º 67/2003, de 8 de Abril, que não podemos analisar aqui especificamente[21].

Se e quando entrar em vigor o Código do Consumidor, passarão os conflitos de consumo com carácter internacional que sejam submetidos à decisão de árbitros a reger-se pelo disposto no art. 14.º desse diploma, segundo o qual «[s]alvo disposição em contrário, às relações abrangidas por este Código que apresentem ligação estreita ao território do Estado português só será aplicável legislação diversa da portuguesa se a mesma se revelar mais vantajosa para o consumidor» (n.º 1). «Essa ligação», acrescenta o n.º 2 do mesmo artigo, «existe, designadamente, quando o consumidor tenha residência habitual em território português e aí haja emitido ou recebido uma declaração relevante ou ocorrido o acto que serve de fundamento à acção». Reforça-se assim, por confronto com a Convenção de Roma, a protecção conferida naqueles conflitos ao consumidor[22].

---

[20] Texto publicado no *Jornal Oficial das Comunidades Europeias*, série L, n.º 115, de 17 de Abril de 1998, pp. 31 ss. Os princípios enunciados na Recomendação foram parcialmente introduzidos na ordem jurídica interna pelo D.L. n.º 146/99, de 4 de Maio, que estabelece os princípios e regras a que devem obedecer a criação e o funcionamento de entidades privadas de resolução extrajudicial de conflitos de consumo.

[21] Ver o estudo citado na nota 19.

[22] Observe-se que o legislador ressalvou, no n.º 3 do mesmo preceito, a aplicabilidade dos instrumentos normativos internacionais ou comunitários pertinentes, designadamente a Convenção de Roma.

X. A arbitragem institucional

15. Importa, por fim, fazer uma referência à *arbitragem institucional*, i.é, aquela que decorre no âmbito dos centros de arbitragem. Estes assumem hoje especial importância na resolução de conflitos de consumo. O que bem se compreende, pois oferecem às partes, além dos regulamentos acima referidos, uma organização adrede constituída e recrutam os próprios árbitros, facilitando deste modo a constituição e o funcionamento dos tribunais arbitrais, não raro sem encargos para o consumidor.

O legislador português foi sensível à necessidade de favorecer a arbitragem institucional, pois, além de ter reconhecido, no art. 38.º da Lei n.º 31/86, a possibilidade de entidades privadas realizarem arbitragens institucionalizadas, dispôs no art. 14.º, n.º 1, da Lei de Defesa do Consumidor que «incumbe aos órgãos e departamentos da Administração Pública promover a criação e apoiar centros de arbitragem com o objectivo de dirimir os conflitos de consumo».

É também sobre a arbitragem institucional que versam as principais disposições do Anteprojecto de Código do Consumidor relativas a este modo de composição de litígios.

Com efeito, o art. 681.º do Anteprojecto prevê a constituição de um *Centro Nacional de Informação, Mediação, Conciliação e Arbitragem em Matéria de Consumo*, incumbido de «prestar, no território nacional, informação aos consumidores e aos fornecedores de produtos ou prestadores de serviços, regular pequenos conflitos de consumo, através da mediação, conciliação e arbitragem, e fazer o estudo e acompanhamento técnico das situações de sobreendividamento de particulares».

Esse Centro, que é integrado no *Sistema Nacional de Defesa do Consumidor* (art. 655.º), será uma pessoa collectiva privada de base associativa, sem fins lucrativos (art. 682.º). Dele serão associados o Estado, as Regiões Autónomas, o Instituto do Consumidor e a Ordem dos Advogados, bem como outras pessoas collectivas de direito público ou de direito privado sem fins lucrativos que demonstrem ter interesse na participação (art. 685.º).

O Tribunal Arbitral que integrará o Centro será constituído por um árbitro designado pelo Conselho Superior da Magistratura de entre magistrados judiciais. A sua jurisdição abrangerá os conflitos de consumo resultantes da aquisição de bens ou da prestação de serviços em território nacional (art. 688.º).

Haverá ainda um Gabinete de Apoio Jurídico, que integra o Centro Nacional, e que prestará as informações aos consumidores, fornecedores de bens e prestadores de serviços sobre os respectivos direitos e deveres nas relações de consumo, fará a instrução dos processos decorrentes das reclamações de consumo recebidas no Centro, promoverá a resolução dos conflitos por mediação e de conciliação e preparará os processos a submeter ao Tribunal Arbitral (art. 689.º).

Prevê-se finalmente a existência de Centros de âmbito sectorial ou territorial restrito, com funções análogas às do Centro Nacional (art. 693.º).

16. Que apreciação pode fazer-se deste regime?
Supomos que ele se sujeita a três objecções fundamentais:

1.ª – Duplica estruturas já existentes: por um lado, porque já existem entidades que prestam estatutariamente informações e outras formas de apoio aos consumidores (Instituto do Consumidor, DECO, etc.); por outro, porque já existem centros de arbitragem de conflitos de consumo que realizam as arbitragens agora cometidas aos Centros criados ao abrigo do Código.

2.ª – Estadualiza, pelo modo como a organizou (em particular a designação dos árbitros pelo Conselho Superior da Magistratura), uma forma de composição de litígios que deve, tanto quanto possível, ser deixada à iniciativa da sociedade civil.

3.ª – Associa à defesa do consumidor os centros de arbitragem, que não devem ter essa função, antes se devem manter, sob pena de perderem credibilidade como instâncias imparciais de resolução de conflitos, uma certa *equidistância* entre consumidores e fornecedores de bens e serviços.

Em contrapartida, o regime do novo Código, se for mantido como está, deixa em aberto várias das questões acima colocadas, como as que respeitam à convenção de arbitragem, à intervenção de terceiros no processo arbitral, ao patrocínio dos consumidores perante o tribunal arbitral, etc.

LINHAS GERAIS DO REGIME JURÍDICO DOS CRIMES CONTRA INTERESSES DOS CONSUMIDORES NO ANTEPROJECTO DE CÓDIGO DO CONSUMIDOR

AUGUSTO SILVA DIAS
Professor Auxiliar da Faculdade de Direito de Lisboa
Membro da Comissão do Código do Consumidor

1. A minha intervenção versa sobre as linhas gerais do regime jurídico dos crimes contra interesses dos consumidores no Anteprojecto de Código do Consumidor. As sempiternas e incontornáveis limitações de tempo impõem que faça algumas opções quanto aos temas a abordar. Assim, tratarei da matéria penal e não da contra-ordenacional e no âmbito daquela cuidarei das soluções de Direito substantivo, deixando de parte as (poucas) disposições processuais penais. Preocupar-me-ei essencialmente em sublinhar as ideias-força que presidiram tanto à criação dos crimes em particular, como à concepção das regras de parte geral que lhes são comuns e regulam a respectiva aplicação e punição. Neste quadro, começarei por tecer algumas breves considerações sobre o problema da localização sistemática das infracções penais contra interesses dos consumidores (2.), ocupar-me-ei em seguida das finalidades de política criminal e dos limites de validade que moldaram a previsão dessas infracções (3.), e abordarei, por último, algumas soluções de parte geral que disciplinam a atribuição de responsabilidade e a punição concreta pela sua prática (4.).

2. A localização sistemática dos crimes contra interesses dos consumidores está em boa medida dependente da questão de saber se tem razão de ser ou não um Código do Consumidor. Digo em boa medida porque podemos concordar com a existência de um Código do Consumidor e deixar de fora quer os crimes quer as contra-ordenações, e, ao invés, podemos discordar da existência de tal diploma, sem que isso signifique rejeitar a criação de incriminações e de contra-ordenações nesta área. Mas se aceitarmos como correcta a via da codificação do Direito do consumidor temos de convir que o Código exercerá uma certa força centrípeta sobre a matéria penal (e contra-ordenacional). Não vou ocupar-me aqui da questão de saber se faz ou não sentido um Código do consumidor. Penso que militam boas razões a favor dessa solução e acompanho integralmente neste ponto a posição de PINTO MONTEIRO[1]. Assiste-se um pouco por toda a Europa a um impulso codificador sectorial entre outras razões para dotar de alguma racionalidade e ordenação a imensa floresta de leis que nos rege e que é fruto de décadas de juridificação desenfreada e desordenada nos mais diversos domínios da vida social[2]. Característica essencial desta codificação

---

[1] V. *O Anteprojecto de Código do Consumidor*, in RLJ, ano 135 (2006), n° 3937, p. 193 e ss.

[2] Sobre a «floresta de leis» v. LUIGI FOFFANI, *Responsabilidad penal por el producto y Derecho comunitario: hacia un nuevo Derecho Penal del riesgo?*, in BOIX REIG/BERNARDI (dirs.), *Responsabilidad penal por defectos en productos destinados a los consumidores*, ed. Iustel, 2005, p. 103, referindo-se ao resultado de uma investigação empírica de 1999, apresentada num Congresso realizado na Universidade de Módena, que identificou no sistema jurídico italiano 5.431 infracções penais, das quais 874 eram crimes e 4.557 contravenções; sobre estes dados v. também MASSIMO PAVARINI, *Sistema di informatizzazione del Diritto Penale complementare: prime elaborazioni e riflessioni*, in DONINI, *Modelli ed esperienze di riforma del Diritto Penale complementare*, ed. Giuffrè, 2003, p. 32. Na mesma linha, o Relatório de 2006 do *Conseil d'État* dá conta de uma surpreendente inflacção legislativa (penal e não penal) em França. Diz o Relatório que em 2000 foram recenseadas 9000 leis, 120000 decretos e 59 Códigos e que desde 2000, em média, o Parlamento votou 70 leis por ano e o Governo criou 50 *ordonnances* e 1500 decretos. Não conheço dados estatísti-

sectorial é ser temática o que nem sempre significa homogeneidade e unicidade da matéria regulada[3]. O Direito que disciplina as relações de consumo não foge a este cenário como bem demonstram os grossos volumes de compilações legislativas que entre nós têm sido publicadas nesta área. Por certo que um Código do consumidor não consegue abranger toda a normação existente e está sujeito à pressão da evolução e mutação das relações de consumo[4], mas, se outras vantagens não tivesse, pelo menos a de funcionar como polo racionalizador e referente necessário de futuras iniciativas legislativas neste domínio não lhe deve ser negada.

Devo pois centrar a minha atenção, não na justificação do Código, mas na justificação da inserção nele dos crimes contra interesses dos consumidores. Dois tópicos são aqui importantes: o Direito Comparado e a tradição jurídica. O primeiro não é de grande préstimo pois todas as opções foram testadas pelos diversos ordenamentos jurídicos. Assim, no Direito Brasileiro e no Direito italiano, embora em proporção diferente,[5] as infracções figuram no Código do Consumidor. No Direito alemão encontram-se em legislação avulsa, de que é exemplo a *Lebensmittelgesetz*. No Direito espanhol residem no Código Penal. Já o segundo tópico é mais profícuo, pois a tradição jurídica portuguesa

---

cos sobre a produção legislativa em Portugal mas é um dado da observação que, sem atingir proporções semelhantes, ela tem aumentado nos últimos anos, também no âmbito do Direito Penal. Para essa expansão tem contribuído o Direito comunitário, quer por via directa, aumentando o número de incriminações, quer por via indirecta, alargando a abrangência dos tipos incriminadores (leis penais em branco).

[3] Sobre as características e as vantagens da codificação sectorial, v. COSTA PINTO em *As codificações sectoriais e o papel das contra-ordenações na organização do Direito Penal secundário*, in Themis, ano 3 (2002) n° 5, p. 97 e ss.

[4] Este aspecto não constitui, em minha opinião, motivo bastante para objectar à solução do Código. Note-se que um Código «clássico» como o Código Penal, com uma matéria relativamente estabilizada, já conheceu em 13 anos três revisões, a última das quais está em curso. Há que dar razão a FRANÇOIS OST quando afirma que o tempo actual do Direito não é o tempo dos «relógios» mas o tempo das «nuvens» – v. *Le temps du Droit*, ed. Odile Jacob, 1999, ps. 254 e s. e 277 e ss.

[5] Com efeito, o Código brasileiro prevê diversas infracções penais (arts. 61 a 80), contrastando neste ponto com o Código italiano que só inclui três (v. art° 112). Tanto no Brasil, como em Itália, o Código Penal contém também incriminações que tutelam bens jurídicos dos consumidores.

vai no sentido de prever este género de infracções fora do Código Penal, como documentam o DL nº 41204 de 24 de Julho de 1957 e o vigente DL nº 28/84[6]. Deste modo, seria um tanto estranha a solução de as integrar no Código Penal, o que, se não a inviabiliza, pelo menos obriga a que para ela sejam encontradas razões fortes que, em meu entender, não existem. Restam assim duas opções: ou permanecem no DL nº 28/84, como sucede actualmente, ou, uma vez que se faz mister num Código do Consumidor, são integradas neste.

Parece-me recomendável a segunda via pelas razões que passo a expor. Primeiro, a inclusão dos crimes no Código faz *jus* à ideia de autonomização da protecção penal de interesses dos consumidores do *mare magnum* do ilícito penal económico, ideia que tem base constitucional e vem sendo crescentemente reclamada. Segundo, o DL nº 28/84, embora tenha sido concebido com o intuito de funcionar como o segundo diploma mais importante do Direito Penal português, uma espécie de lei quadro de todo o Direito Penal Económico, foi perdendo essa função com o passar do tempo e com o abandono a que foi relegado. Basta dizer que em vinte e dois anos de existência conheceu alguns aditamentos, com a introdução de novos crimes anti-económicos, mas nenhuma reforma ou adaptação significativa. É por isso que ali encontramos soluções punitivas ultrapassadas e de constitucionalidade duvidosa, como é o caso da prescrição cumulativa de penas de prisão e de multa, a qual contende no entender de muitos autores com o princípio do *ne bis in idem* na sua vertente material e a previsão de crimes próprios de uma economia colectivista como a destruição de bens próprios com relevante interesse para a economia nacional (artº 32)[7]. Se quisermos sujeitar os crimes contra bens jurídicos dos consumidores aos novos ventos da cidadania e da política criminal, o DL nº 28/84, tal qual está, é um sítio a evitar. Em terceiro lugar, a inserção das infracções no Código do Consumidor, sobretudo as contra-ordenações, mas também os crimes, reforça a ligação intrasistemática entre estas e as restantes matérias, a qual beneficia sem dúvida

---

[6] Sobre as possíveis razões desta tradição v. FARIA COSTA, *Direito Penal Económico*, ed. Quarteto, 2003, p. 43 e s.

[7] Tal incriminação faz lembrar os crimes de sabotagem económica que polulavam em antigos Códigos Penais de países da Europa de Leste.

a respectiva interpretação e aplicação, pois um Código – mesmo quando se trata de um Código «pós-moderno»[8] – constitui um *corpus* coerente, dotado de uma certa unidade sistemática, que condiciona em boa medida a compreensão das suas disposições singulares. Atentos certamente a estas razões os ordenamentos jurídicos que possuem um Código do consumidor deslocaram para aí, se não todas, algumas das infracções correspondentes, mais exactamente, as que se prendem com a tutela de bens jurídicos supra-individuais do consumidor.

3. Falo em localização sistemática de incriminações num futuro Código do consumidor, mas que incriminações podem ser criadas nesta área? A proposta que sujeitei à Comissão e se encontra plasmada no cap. I do Título II do Anteprojecto, obedece à seguinte orientação político-criminal: ampliar e reforçar a protecção dos interesses do consumidor em comparação com a legislação penal em vigor, nomeadamente o DL nº 28/84, dentro do respeito escrupuloso por princípios estruturantes do Direito Penal, que formam a sua matriz de validade num Estado de Direito Democrático: os princípios da subsidariedade, da ofensividade e da culpa.

3.1. Procurou-se tutelar directamente certos bens jurídicos supra-individuais dos consumidores, que partilham à uma as qualidades ou atributos de objecto de direitos sociais, de interesses difusos e de bens colectivos. São eles a saúde e a segurança, a qualidade de bens de consumo assimiláveis pelo organismo humano e ainda interesses patri-

---

[8] Esta expressão é usada aqui com o significado de corpo normativo heterogéneo, federador de matérias diversas segundo um *pensiero debole*: no caso, a necessidade de protecção do consumidor. Aplica o tópico da pós-modernidade à análise da legislação penal nos dias de hoje DONINI, *La riforma della legislazione penale complementare: il suo significato «costituente» per la riforma del Codice*, in DONINI (org.), *La riforma della legislazione penale complementare*, ed. Cedam, 2000, p. 9 e s.; numa perspectiva mais geral, considerando a heterogeneidade e a fragmentariedade como categorias adequadas a um entendimento correcto da realidade social e jurídica contemporâneas –v. FARIA COSTA, *O Direito, a fragmentariedade e o nosso tempo*, in *Linhas de Direito Penal e de Filosofia: alguns cruzamentos reflexivos*, Coimbra Editora, 2005, especialmente p. 15 e s.

moniais dos consumidores. Todos eles bens jurídicos essenciais à concepção da cidadania nas sociedades contemporâneas, todos eles dotados de relevo constitucional por via do art° 60 da CRP e todos eles carecidos de tutela contra ameaças graves resultantes da dinâmica das sociedades actuais vistas como sociedades do risco global. De fora ficam as formas de protecção do consumidor enquanto sujeito individual, asseguradas pelo Código Penal através dos crimes contra a vida, a integridade física e do crime de corrupção de substâncias alimentares e medicinais ou, no que toca à tutela do património, da burla. De fora ficam igualmente incriminações que apenas protegem reflexamente interesses patrimoniais dos consumidores, como a especulação e o açambarcamento, cujos objectos de tutela são respectivamente a estabilidade dos preços e o regular abastecimento dos mercados[9]. Ambas permanecem no DL n° 28/84 e em minha opinião a merecer revisão. Deixo aqui a pergunta que vale igualmente para muitas outras incriminações previstas naquele diploma: em que medida estas infracções, que podemos caracterizar como ilícitos de mercado, não deviam com mais proveito e eficiência ser configuradas como contra-ordenações?

Pretendeu-se limitar a tutela dos bens jurídicos mencionados às modalidades de ofensa de gravidade proporcional à compressão de direitos resultante da aplicação das penas (de prisão ou multa) prescritas e resistir dessa forma à tentação de uma fuga para o Direito Penal, sempre delicada do ponto de vista dos custos sociais que comporta, nomeadamente nos planos da liberdade cidadã e da tão propalada crise da justiça. Particular relevância penal assumem certas formas de responsabilidade pelo produto perigoso e defeituoso. À responsabilidade pelo produto perigoso correspondem no Anteprojecto os crimes de produção, distribuição ou comercialização de bens e serviços nocivos à saúde e à segurança do art° 428 ns. 1, 2 e 3, que podem ser praticados tanto dolosa como negligentemente (n° 4)[10]. Estes crimes,

---

[9] V. sobre este ponto, COSTA ANDRADE, *A nova lei dos crimes contra a economia à luz do conceito de bem jurídico,* in Direito Penal Económico, ed. CEJ, 1985, p. 100 e ss. Fora do Código ficam também as infracções respeitantes a alimentos para animais, que permanecem no DL n° 28/84 (arts. 25 e 60).

[10] Fontes das referidas incriminações são o art° 251 do CP de 1852/1886 e os arts. 17 n° 1 al. a) e 18 n° 1 al. a) do DL n° 41204.

concebidos como crimes de aptidão ou de perigo abstracto-concreto[11], vêm colmatar o hiato actualmente existente entre os crimes do artº 282 do Código Penal (doravante, CP) e do artº 24 do DL nº 28/84, hiato que tem conduzido a uma aplicação ilegal do primeiro por parte dos nossos tribunais. Por sua vez, a responsabilidade pelo produto defeituoso é acautelada, de maneira diferente, pelas incriminações dos arts. 432 e 434. O primeiro vem substituir o crime do artº 24 do DL nº 28/84, que é assim revogado, e comporta também as formas dolosa e negligente (nº 2)[12]. Não visa proteger a qualidade de todos os bens de consumo mas apenas a qualidade dos produtos assimiláveis pelo organismo humano, âmbito que se prende com o domínio mais vasto da qualidade de vida humana e que, tal como o anterior, se situa na confluência da sociedade de consumo com a sociedade de risco[13]. Embora se trate de bens jurídicos diferentes há certos pontos de contacto entre a protecção da qualidade de produtos assimiláveis pelo organismo humano e a protecção da saúde e da segurança. À uma, ambos relevam das ameaças para a existência humana geradas pela dinâmica das sociedades contemporâneas vistas como sociedades do risco. À outra, mantêm entre si uma relação de continuidade. Basta pensar que todo o produto nocivo à saúde é impróprio para o consumo. Esta relação permite reforçar a protecção penal do consumidor, em comparação com o Direito vigente, numa dupla direcção. Por um lado, a articulação entre os crimes dos arts. 428, 432 do Anteprojecto e 282 do CP passa a formar uma rede protectora sem rupturas, que vai da tutela supra-individual à protecção (multi-) individual do consumidor. Por outro lado, a factualidade típica

---

[11] Sobre estes conceitos v. SILVA DIAS, *Entre «comes e bebes»: debate de algumas questões polémicas no âmbito da protecção jurídico-penal do consumidor (a propósito do Acórdão da Relação de Coimbra de 10 de Julho de 1996)*, in RPCC, ano 8 (1998) nº 4, p. 520 e ss.; SOUSA MENDES, *Vale a pena o Direito Penal do Ambiente?*, ed. AAFDL, 2000, p. 119 e ss.; WOLFGANG WOHLERS, *Deliktstypen des Präventionsstrafrechts: zur Dogmatik «moderner» Gefährdungsdelikte*, ed. Duncker & Humblot, p. 297 e s.

[12] Fonte do artº 432, além do artº 24 do DL nº 28/84, são também os arts. 17 nº 1 b) e 18 nº 1 b) do DL nº 41204.

[13] Sobre a sociedade do risco e a sua relação com a sociedade de consumo v. AUGUSTO SILVA DIAS, *Protecção jurídico-penal de interesses dos consumidores* (policopiado), 3ª ed., Coimbra, 2001, p. 1 e ss., em especial, 8 e ss.

dos crimes do art° 428 e do art° 432 não se confina a géneros alimentícios, aditivos alimentares, e bens medicinais estendendo-se antes a todos os produtos assimiláveis pelo organismo humano, seja por inalação, deglutição ou por via cutânea.

Já o crime do art° 434 visa proteger interesses dos consumidores contra produtos e serviços defeituosos num outro sentido. Representa no fundo uma especificação para o domínio do consumidor da fraude sobre mercadorias do art° 23 do DL n° 28/84, o qual por isso não é revogado, mas passa a aplicar-se apenas às relações entre comerciantes[14]. A qualidade não é aqui entendida na relação do produto com o organismo humano, mas na sua relação com o bolso e as expectativas económicas legítimas do consumidor. Pune-se a produção ou comercialização de «gato por lebre», não sendo por acaso que a estrutura do ilícito típico obedece ao modelo da fraude. Afasta-se, contudo, da burla do art° 217 do CP, como sucede de resto com o tipo incriminador do art° 23 do DL n° 28/84, posto que, sendo o objecto tutelado um património-massa, carecem de sentido neste contexto elementos do tipo de burla como a manobra ardilosa e o prejuízo patrimonial. Optou-se pela qualificação deste crime como semi-público (art° 434 n° 2) por duas razões: por um lado, a fraude na produção e no comércio não é sempre um fenómeno de massas surgindo muitas vezes no quadro de relações negociais bilaterais; por outro lado, sendo atingidos apenas interesses patrimoniais e sendo a infracção de pequena gravidade, a sua caracterização como crime semi-público incentiva a composição extra-judicial do litígio. Mais não se fez do que transladar para aqui a lógica que presidiu à qualificação como crimes semi-públicos dos crimes patrimoniais do CP puníveis com pena de prisão até 3 anos[15]. A queixa pode ser apresentada por qualquer consumidor, a título de ofendido individual ou de ofendido difuso[16], que poderá

---

[14] Em boa verdade, fonte do crime do art° 434 não é apenas o art° 23 do DL n° 28/84 restringido, mas também o art° 456 do CP de 1852/1886 ampliado.

[15] Se puder ser contabilizado um prejuízo patrimonial e se este tiver valor elevado ou consideravelmente elevado, será realizado o crime de fraude na produção e no comércio agravado do art° 436, que é crime público.

[16] É de ofendidos no sentido do art° 68 n° 1 al. a) do CPP que verdadeiramente se trata, embora o conceito de ofendido ali acolhido deva ser interpretado num sentido

também constituir-se assistente no processo nos termos do artº 437 do Anteprojecto.

A tutela dos interesses patrimoniais é completada com um crime de aproveitamento de situação de ingenuidade, ignorância ou debilidade psíquica (artº 435), que pretende punir certas vendas agressivas, designadamente vendas «em cadeia», «em pirâmide» ou tipo «bola de neve», com o recurso a menores, a analfabetos ou a pessoas portadoras de anomalia psíquica[17]. Deste modo, são colocadas sob alçada penal certas formas de agressão ao património dos consumidores cometidas através da instrumentalização ou exploração de situações de especial vulnerabilidade alheia perpetradas com intuito lucrativo. Trata-se, como é bom de ver, de um crime complexo em que são protegidos simultaneamente bens pessoais e valores patrimoniais, explicando-se a sua localização sistemática num Código do Consumidor pelo facto de a ofensa aos primeiros ser instrumental da ofensa aos segundos e de estes respeitarem aos consumidores. No fundo, é utilizada aqui a mesma lógica que presidiu à inserção sistemática dos crimes de roubo ou de extorsão nos crimes contra o património do CP.

Todas as incriminações referidas admitem formas agravantes que no caso dos crimes contra a saúde e a segurança vão até à agravação pelo resultado (artº 430). Previsto é também um crime de recusa em retirar do mercado bens e serviços nocivos à saúde e à segurança (artº 431), a cujo fundamento e alcance político-criminal aludirei adiante. Pode parecer um elenco curto de incriminações, sobretudo se comparado com diplomas homólogos como o Código do consumidor brasileiro, mas é uma opção assumida. Também no âmbito da protecção do consumidor o Direito Penal não deve ser o primeiro nem o principal instrumento de intervenção. Por razões que se prendem com

---

amplo – sobre os fundamentos de tal interpretação v. AUGUSTO SILVA DIAS, *A tutela do ofendido e a posição do assistente no processo penal português*, in FERNANDA PALMA (coord.), *Jornadas de Direito Processual Penal e direitos fundamentais*, ed. Almedina, 2004, p. 55 e ss.

[17] Este crime é inspirado na figura do *abus de faiblesse* prevista no artº 7 da Lei francesa nº 72-1137 de 22 de Dezembro de 1972 e no artº 94 do Projecto de Código de Consumo francês. Note-se que o aproveitamento da situação de ingenuidade, ignorância ou debilidade psíquica é tratada no Anteprojecto também como circunstância a ter em conta na determinação da medida da pena –v. artº 413 al. d).

os princípios atrás enunciados e por mais uma que tem a ver com a afirmação crescente nesta área do princípio da precaução. Quer o Regulamento nº 178/2002 do Parlamento e do Conselho de 28 de Janeiro (artº 7), quer o Anteprojecto (artº 656) propugnam o primado de uma lógica de prevenção na protecção do consumidor mesmo que as medidas legislativas e outras tenham de ser tomadas num quadro de incerteza quanto às causas e aos efeitos dos riscos. Esta orientação desenvolve-se através da juridificação de uma série de cautelas ou, dito de um outro modo, de criação de uma densa teia de deveres para controlo de actividades de risco. A violação desses deveres preventivos dá lugar as mais das vezes a um ilícito de desobediência que é estranho à arquitectura do ilícito penal, sempre ávido de danosidade social[18]. O Anteprojecto apostou sobretudo no ilícito contra-ordenacional para dar expressão à violação dos deveres cautelares que se filiam e realizam o princípio da precaução.

3.2. Disse que o ilícito penal é ávido de danosidade social, significando isso desde logo que não se basta com a anti-normatividade. A caracterização das sociedades de consumo contemporâneas como sociedades do risco é importante para situar o Direito Penal moderno e os desafios com que se defronta, mas não significa nem obriga à configuração do Direito Penal do consumidor como Direito Penal da precaução ou, numa expressão que lhe é próxima, como Direito Penal do risco. O princípio da ofensividade, decorrente da exigência de proporcionalidade na restrição de direitos fundamentais plasmada no artº 18 nº 2 da CRP, impõe a indagação e consequente densificação nos tipos

---

[18] Sobre o princípio da precaução e a sua (difícil) convivência com o Direito Penal v. JOSÉ BAÑO LÉON, *El princípio de precaución en el Derecho Público*, in BOIX REIG/BERNARDI (coords.), *Responsabilidad penal por defectos en productos*, p. 29 e ss.; LUIGI FOFFANI, *Responsabilidad penal por el producto y Derecho comunitario*, p. 106 e ss.; GARCIA RIVAS, *Influencia del princípio de precaución sobre los delitos contra la seguridad alimentaria*, in GARCIA RIVAS (coord.), *Protección penal del consumidor en la Unión Europea*, ed. Univ. Castilla-la-Mancha, 2005, p. 91 e ss.; DONINI, *Il volto attuale dell'illecito penale: la democrazia penale tra differenziazione e sussidiarietà*, ed. Giuffrè, 2004, p. 119 e ss.; CARLO PIERGALLINI, *Danno da prodotto e responsabilità penale*, ed. Giuffrè, 2004, p. 524 e ss.

incriminadores dos nódulos de ofensa ou afectação de bens jurídicos, merecedores de relevância penal. Consequência disto é a despenalização de infracções vigentes em cujo ilícito típico não é descortinável uma manifestação de ofensividade.

Dou o exemplo do abate clandestino. O desvalor que está em causa nesta infracção, que no Anteprojecto é tratada como contra-ordenação (art° 448), não tem por base a (má) qualidade da carne do animal abatido, mas depende de se este foi ou não objecto de inspecção sanitária e se foi ou não abatido em matadouro licenciado. A carne do animal pode ser a melhor, que nem por isso a infracção deixa de se realizar, verificados que estejam aqueles dois requisitos. Este ilícito cautelar, assente na violação de um dever sanitário, não se coaduna pois com as matrizes referenciais do ilícito penal. Podia invocar-se em prol da sua permanência como crime uma razão de ordem pragmática: muitos dos abates clandestinos são cometidos entre paredes e se esse comportamento não for qualificado como crime as autoridades administrativas fiscalizadoras ou os órgãos de polícia criminal não poderão obter mandato de busca para entrar nesse espaço. O argumento é pertinente mas não é procedente. As situações de abate clandestino criam a suspeita legítima de que a carne do animal abatido seja imprópria para consumo. Pode ser ou não e é nessa incerteza precisamente que se funda a suspeita. Se essa suspeita não é suficiente para fundamentar a responsabilidade criminal do abate clandestino, pois como se disse, o ilícito penal não pode ser um ilícito de suspeita ou de cautela, já fornece motivo bastante para uma autorização de busca no local pela prática de um crime de produção de carne imprópria para consumo. Mesmo que esse local seja qualificável como domicílio do agente, nada há no art° 174 e ss. do Código de Processo Penal (doravante, CPP) que impeça esta leitura. Com efeito, a notícia ou suspeita de que alguém está a abater um animal para consumo público sem a devida inspecção sanitária está – de um modo contingente, é certo, mas em todo o caso – ligada à suspeita de que a carne subtraída a esse controlo é imprópria para consumo (por exemplo, porque o animal pode estar doente, pode ter sido alimentado com substâncias não autorizadas etc.) e, portanto, à existência de indícios de que objectos de um crime – o crime do art° 432 do Anteprojecto – «se encontram em lugar reservado ou não livremente acessível ao público», que constitui pressuposto geral das buscas nos termos do art° 174 n° 2 do CPP. A relação entre as duas situações, percebe-se melhor se pensarmos que o abate clandestino pode funcionar como acto preparatório, se não mesmo como acto de execução, da produção de um bem destinado ao consumo alheio e impróprio para esse fim (modalidade típica do art° 432). Daí que a uma vá associada a suspeita da outra, aspecto que não pode ser ignorado no que diz respeito à ordenação ou autorização de buscas. Esse aspecto é tanto mais importante quanto é certo que, quando o abate é realizado em espaço reservado ou domiciliário, a busca é o principal meio de obtenção da prova da prática do crime de produção de carne imprópria para consumo do art° 432.

Casos há, no entanto, em que a nocividade material do comportamento não surge desligada da nocividade formal. É natural que assim seja num domínio onde abunda legislação administrativa reguladora da composição e da utilização de muitos produtos de consumo, de fonte comunitária e não só. A ligação entre a danosidade da conduta e essa legislação é assegurada através da técnica dos tipos incriminadores parcialmente em branco. Exemplos dessa técnica remissiva para disposições administrativas, por força da qual estas passam a delimitar esfera da proibição, são o n° 2 do art° 428 e a al. d) do n° 1 do art° 432 que qualificam respectivamente como susceptíveis de lesar a saúde e a segurança e impróprios para consumo produtos que contêm «substâncias não autorizadas» ou «em quantidades não autorizadas». A nocividade para a saúde e a impropriedade para consumo podem resultar, assim, também de uma tipologia prévia de substâncias absoluta ou relativamente proibidas acolhida em regulamentos e normas técnicas. Ilustram essa tipologia os casos do clembuterol, substância proibida desde 1989, que era usada em rações para animais[19] e do benzopireno, uma substância tóxica e cancerígena quando ingerida em períodos pro-

---

[19] Estes casos de alimentação de gado bovino com clembuterol deram origem a vários Acórdãos do STE que concluiram pela condenação de ganadeiros por ministrarem às reses a substância em causa – sobre o tema v. GARCIA RIVAS, *Influencia del principio de precaución*, p. 118 e s.

Linhas Gerais do Regime Jurídico dos Crimes... 105

longados, encontrada em 2001 em azeites comercializados em Espanha e Portugal[20].

3.3. Procurou-se também observar o princípio da culpa ao nível da construção dos tipos de sorte a facilitar depois a imputação subjectiva de elementos como o dolo, a negligência e a consciência da ilicitude. Para isso seguiu-se uma estratégia de destecnificação dos tipos, isto é, de saneamento dos tipos incriminadores de elementos de elevada tecnicidade. Dou como exemplo a substituição do conceito de «género alimentício anormal» que consta do tipo do art° 24 do DL n° 28/84 pelo conceito de «impróprio para consumo», que foi extraído do antigo DL n° 41204 e do Regulamento Comunitário n° 178/2002 e integra o tipo do art° 432 do Anteprojecto. Desse modo, visa-se atingir uma tripla finalidade: ampliar a abrangência típica, estendendo-a a bens de consumo de natureza não alimentar, como vimos; dar ao desvalor dos comportamentos maior visibilidade pública do que aquela que tem actualmente com o emprego do adjectivo «anormal», que é definido no art° 82 do DL n° 28/84 através de uma outra série de conceitos técnicos como «falsificado», «corrupto» e «avariado»[21]; potenciar a comunicação entre a norma e os destinatários fornecendo-lhes a informação normativa bastante para a formação laica do dolo, condição indispensável para acederem sem distorções à compreensão do desvalor do comportamento e consequentemente para se motivarem à acção de acordo com ela. Embora a impropriedade para o consumo não dispense inteiramente o recurso a conceitos técnicos, a verdade é que vai muito para além deles e nessa medida intensifica a comunicação entre a linguagem normativa e a linguagem corrente.

3.4. Ocupei-me até agora da apresentação das incriminações singulares tendo em conta os objectos valorativos por elas tutelados e a

---

20 O caso é diferente do do clembuterol porque este último era um medicamento misturado nas rações para animais. Este daria lugar a carne imprópria para consumo (art° 432); aquele a azeite nocivo para a saúde humana (art° 428).

21 Embora o tipo do art° 432 não se cinja a estes conceitos, seria útil transpor para o Anteprojecto as definições que deles dá o art° 82 já que carece de sentido a sua permanência no DL n° 28/84 após a revogação do art° 24.

amplitude da respectiva área de tutela. Está por esclarecer, no entanto, quem é o beneficiário dessa tutela, ou, dito de um outro modo, quem é o titular dos bens jurídicos protegidos, a vítima das agressões típicas. A resposta é intuitiva e imediata: o consumidor, na dupla qualidade de agente económico e de *cives*. Se desse modo se diz muito, não se diz, porém, tudo. Na verdade subsiste a questão, nada bizantina, de saber quem é realmente o consumidor. O Anteprojecto apresenta uma noção algo complexa de consumidor que está longe de ser pacífica. Começa por estabelecer no art° 10 n° 1 que é considerado consumidor «a pessoa singular que actue para a prossecução de fins alheios ao âmbito da sua actividade profissional, através do estabelecimento de relações jurídicas com quem, pessoa singular ou colectiva, se apresenta como profissional». Esta é a definição nuclear que se aproxima da noção sociológica de consumidor e que em si mesma não é problemática. O problema surge quando nos arts. 11 e 12 são previstas respectivamente uma extensão e uma restrição do conceito de consumidor. A extensão leva à aplicação do regime que o Código reserva ao consumidor (no sentido do art° 10) às pessoas colectivas que «provarem que não dispõem nem devem dispor de competência específica para a transacção em causa e desde que a solução se mostre de acordo com a equidade» (art° 11 n° 1) e às «pessoas singulares que actuem para a prossecução de fins que pertençam ao âmbito da sua actividade profissional» verificando-se os dois requisitos anteriores (n° 2). A restrição visa excluir do regime mais favorável do Código aqueles que, apesar de abrangidos pelo art° 10, disponham ou devam dispor, em virtude da sua actividade e experiência profissional, de competência específica para a transacção em causa (art° 12 n° 2).

Embora apoiada num eixo central, a noção de consumidor flutua entre duas coordenadas: a competência específica para a transacção e a equidade. Diversas críticas podem ser formuladas a estas variações, mas duas há que quero aqui sublinhar. Por um lado, a extensão da qualidade de consumidor a pessoas colectivas não só descaracteriza a noção de consumidor e rompe com o fundamento de um regime jurídico específico das relações de consumo que se prende, como é sabido, com o desequilíbrio estrutural daquelas relações, pois uma das partes, o consumidor, surge as mais das vezes numa posição de fragilidade e de desinformação, como ainda torna extremamente manipulável essa qualidade tornando-a dependente da equidade. Por outro lado, e é este aspecto que particularmente me interessa realçar, o Anteprojecto tem de laborar com diversas noções de consumidor. Não é por acaso que no capítulo das incriminações não é feita qualquer alusão ao consumidor na respectiva previsão típica. A tutela penal necessita de operar com uma noção estável de consumidor e a interpretação dos tipos incriminadores não pode variar em função da comprovação concreta de se há ou não competência específica para a transacção por parte do consumidor ou em função de ponderações de equidade do juiz. Tamanha flexibilidade poria em causa por completo as exigências de segurança jurídica e a confiança dos cidadãos nas reacções do poder punitivo, além de que tornaria impossível em certas situações a formação do dolo e mesmo da negligência. Por isso se evitou fazer referência ao consumidor na descrição dos tipos.

Não é que o titular dos bens jurídicos protegidos por esses tipos não seja o consumidor, mas por força da complexidade da definição do artº 10 e ss., é outra a noção de consumidor que aqui está em causa. Uma noção que não dista da que consta do artº 10 e que privilegia a ligação com a realidade sociológica das relações de consumo nas sociedades contemporâneas. Consumidor é neste sentido um sujeito-massa que entra em relação com um ou vários profissionais para obter bens ou solicitar serviços que se destinam à satisfação de necessidades de carácter privado e não profissional e que se apresenta nessa relação, em regra, vulnerável e carecido de informação e de protecção[22]. Quando os tipos incriminadores do Anteprojecto designam por «outrem» o destinatário da acção danosa é a este sujeito indiferenciado, simultaneamente agente económico e cidadão titular de direitos, portador de necessidades e expectativas para cuja satisfação se envolve em relações sociais mais ou menos anónimas e mais ou menos globalizadas que o expõem a diversos riscos, que vão desde a ameaça existencial à ruína patrimonial, é a este sujeito que se referem.

---

[22] Sobre estes elementos e a sua razão de ser v. CALVÃO DA SILVA, *Responsabilidade civil do produtor*, ed. Almedina, 1990, p. 58 e ss.; AUGUSTO SILVA DIAS, *Protecção jurídico-penal de interesses dos consumidores*, p. 10 e ss.

4. No que diz respeito à parte geral do Anteprojecto, gostaria de focar três aspectos: um prende-se com a retirada do mercado dos produtos de consumo que são objecto da actividade criminosa e, em boa verdade, é resolvido a cavalo entre a parte geral e a parte especial; outro está relacionado com a solução adoptada quanto ao concurso entre crime e contra-ordenação e suas implicações processuais; o último tem a ver com o regime da aplicação de penas, as principais, as substitutivas e as acessórias.

4.1. O primeiro aspecto mencionado reveste-se de inegável importância do ponto de vista da manutenção de um nível elevado de protecção dos consumidores e é solucionado no Anteprojecto por meio de um leque de soluções de parte geral e de parte especial.

Começa por se incentivar o infractor a retirar os produtos do mercado num quadro de retorno à legalidade e de reparação da ofensa causada ao bem jurídico. Este quadro é assegurado por duas figuras: a causa de isenção da responsabilidade criminal do art° 411 e a causa de atenuação (facultativa) da pena do art° 412, disposições baseadas respectivamente nos arts. 26 e 27 do DL n° 28/84. Ambas pressupõem um comportamento activo e voluntário do agente e a ausência de uma concreta situação de perigo para a vida, a integridade física ou a saúde de alguém (de outro modo estaríamos a interferir no regime punitivo do crime do art° 282 do CP), mas enquanto a causa de isenção da pena é aplicável se a conduta reparadora anteceder a intervenção das autoridades competentes, a atenuante corresponde já a uma atitude de colaboração do agente com as mesmas. A diferença de efeitos jurídicos reside pois na espontaneidade e prontidão do «arrependimento» do agente.

Não tendo havido uma acção reparadora do agente, a retirada dos produtos do mercado ou a interdição da prestação de certos serviços podem ser ordenadas no decurso do processo pelo TIC ou o Tribunal, consoante a fase em que se encontre, se houver perigo ou fundada suspeita de perigo para a saúde ou a segurança ou de impropriedade para o consumo dos bens, nos termos do art° 440. O tribunal pode ainda ordenar a difusão pelos órgãos de comunicação apropriados de comunicados informando a colectividade do perigo existente. As medidas cautelares que o tribunal decretar serão realizadas a expensas do arguido (nº 3).

Para além destas medidas, o artº 427 nº 2 prevê a possibilidade de o tribunal ordenar na sentença a retirada do mercado de bens ou a interdição de serviços nocivos à saúde ou à segurança dos consumidores ou de bens impróprios para consumo e, se for caso disso, a respectiva destruição, também a expensas do condenado. Tratando-se de bens ou serviços susceptíveis de lesar a saúde e a segurança – e só destes – e entendendo o tribunal por conveniente intimar o arguido ou o condenado a retirarem do mercado esses bens ou produtos, o incumprimento da intimação é punível com a pena prescrita para o crime de desobediência qualificada (artº 431 nº 1). Se se tratar apenas de produtos impróprios para consumo ou objecto de fraude, a situação não é tão grave e urgente que justifique a cominação da desobediência qualificada para o incumprimento da intimação pelo arguido. A realização das medidas cautelares pelas autoridades administrativas[23] a expensas do arguido e a aplicação de uma coima ao arguido faltoso por violação da obrigação geral de segurança prevista no artº 455, que abrange o dever de retirar o produto do mercado e de o recolher junto do consumidor (arts. 56 nº 1 al. c), 57 nº 2 al. d), constituem solução adequada e penalização suficiente. Note-se que a apreensão e retirada do mercado de bens e objectos relacionados com a prática de contra-ordenações vem prevista no artº 531 nº 1, configurando o nº 3 como contra-ordenação grave o incumprimento dessas medidas pelo agente quando impostas pela autoridade competente. Isto significa que quem não cumprir a obrigação geral de segurança na parte relativa à retirada do produto do mercado ou à sua recolha junto do consumidor e, após intimação da autoridade competente para o fazer, continuar em incumprimento, pratica duas contra-ordenações.

4.2. O concurso de infracções penais e contra-ordenacionais é regulado pelo artº 409 por meio de uma solução diferenciada que

---

23 Além da competência para realizar as medidas cautelares descritas no artº 440 ns. 1 e 4, o Anteprojecto impõe às autoridades administrativas, no artº 60 nº 2, o dever geral de retirar do mercado produtos perigosos, o que significa que elas terão nesta tarefa sempre um papel principal.

introduz clarificação nesta matéria. No ordenamento jurídico português encontramos dois regimes antagónicos a respeito desta espécie de concurso: um que manda aplicar só a pena, sem prejuízo da aplicação de sanções acessórias cominadas para a contra-ordenação[24], e o outro que ordena a aplicação de penas e coimas, para além obviamente das sanções acessórias[25]. Este cenário é confuso e dogmaticamente incorrecto porque nenhum dos regimes mencionados é aplicável a todas as situações de unidade de facto. Para melhor compreender a insuficiência assinalada e a razão de ser da solução proposta importa distinguir dois conceitos de unidade: a unidade de facto e a unidade de fundamento[26]. A situação prevista na primeira parte do n° 1 do art° 409 reporta-se apenas à unidade de facto sem a cobertura da unidade de fundamento, enquanto a situação descrita na segunda parte concita tanto a primeira quanto a segunda unidade. Por conseguinte, na primeira situação o agente é punível pela prática de um crime e de uma contra-ordenação; na segunda será punido tão só pela comissão de um crime. Qual a razão de ser desta solução diferenciada? Devia ser abandonada a parte final do preceito em questão? Apesar de a Comissão ter alinhado pela tese da diferenciação material entre crime e contra-ordenação, seguindo neste particular a maioria da doutrina nacional[27], e de ter posto um cuidado escrupuloso em evitar sobreposições de conteúdo entre o ilícito penal e o ilícito contra-ordenacional, os factos concretamente realizados tornam possíveis situações de sobreposição quer entre infracções do Anteprojecto[28], quer entre estas e outras previstas fora

---

[24] Vg. art° 20 do RGCC.

[25] Vg. art° 420 do Código dos Valores Mobiliários.

[26] Sobre este ponto v. VICENTE MARTINEZ, *Regimen sancionador en la protección de la salud de los consumidores*, in GARCIA RIVAS (coord.), *Protección penal del consumidor*, p. 36 e s. reportando-se à teoria das «três identidades» defendida pelo Tribunal Constitucional Espanhol. A terceira identidade é a identidade de agente que, a meu ver, não tem tanto interesse neste contexto como as outras duas.

[27] V. por todos, FIGUEIREDO DIAS, *Direito Penal, PG*, I, Coimbra Ed., 2004, p. 150 e ss.

[28] Atente-se no seguinte exemplo: Abel, comerciante, tem à venda um género alimentício impróprio para consumo em virtude de o ter armazenado deficientemente e com violação das prescrições legais. Abel realiza simultaneamente o crime do art° 432 e a contra-ordenação do art° 447 al. b) ambos do Anteprojecto. Nos termos

dele[29]. A solução adoptada na parte final do nº 1 assenta na constatação de que sendo o mesmo facto enquadrável simultaneamente num tipo penal e num tipo contra-ordenacional e havendo entre estes coincidência essencial quanto ao bem jurídico tutelado ou quanto ao âmbito de tutela, o ilícito típico penal abrangerá a totalidade do desvalor do comportamento, pelo que não sobra espaço valorativo para uma punição autónoma da contra-ordenação. Estes casos de confluência entre unidade de facto e unidade de fundamento, correspondem no fundo ao concurso de normas, nomeadamente nas modalidades de subsidiariedade ou de consunção, com a especificidade de se tratar de normas de natureza jurídica distinta. A aplicação neste contexto de penas e coimas ao mesmo facto – não já de sanções acessórias das coimas, note-se – comportará uma violação do *ne bis in idem* previsto no artº 29 nº 5 CRP, na sua vertente material, pois significa um caso de dupla punição. Podia objectar-se a esta posição argumentando que o preceito constitucional se refere ao múltiplo julgamento pelo «mesmo crime» e portanto apenas ao Direito Penal, mas nem as regras de interpretação de preceitos constitucionais relativos a direitos e garantias se opõem, nem razões substanciais dispensam a extensão do preceituado naquele artº 29 nº 5 ao Direito Público sancionatório, sobretudo ao concurso entre infracções penais e contra-ordenacionais [30].

Por outro lado, pretendeu-se explorar as virtualidades do concurso de infracções no plano processual. A ideia é a seguinte. Se o facto constituir simultaneamente crime e contra-ordenação – verifique-se ou não a situação da ressalva da parte final do nº 1 do artº 409, a que acabei de aludir – terá lugar não só uma redefinição de competências para dirigir as investigações e a instrução do processo contra-ordenacional (que

do artº 409 nº 1 deverá ser punido só pelo crime (sem prejuízo de lhe serem aplicáveis sanções acessórias da coima).

[29] Considere-se o seguinte exemplo: Abel, vendedor, consegue enganar alguns clientes e causar-lhes um prejuizo patrimonial criando-lhes a ilusão de que comprando o produto ganhariam um prémio. Abel realiza simultaneamente o crime do artº 217 do CP e a contra-ordenação do artº 469 nº 1 do Anteprojecto. Segundo o artº 409 nº 1 deverá ser punido somente pelo crime de burla.

[30] Neste sentido, vendo no regime do artº 20 do DL nº 433/82 uma exigência do *ne bis in idem*, v. FERNANDA PALMA, *Direito Constitucional Penal: programa, conteúdos e métodos de ensino*, 2006, p. 154 e s.

não para as realizar) e para aplicar a coima, que passam a caber respectivamente ao M° P° e ao juiz penal, mas também uma conexão de processos. Esta conexão não será realizada nos processos especiais e cessará nas circunstâncias previstas nas várias alíneas do n° 3 do art° 409, procurando-se assim evitar que desta solução decorram atrasos quer para o processo penal, quer para o processo contra-ordenacional. Afastá-mo-nos neste ponto do preceituado no art° 420 do CVM[31] mas a solução adoptada está longe de ser uma novidade entre nós, para além de haver em minha opinião excelentes razões para a acolher. Em boa verdade, semelhante repercussão do concurso de infracções no domínio processual era preconizada pelo antigo RJIFNA (arts. 53 e 54 n° 4) e é hoje consagrada nos arts. 38 n° 1 e 39 do RGCC. Em abono desta solução militam não só argumentos de economia processual mas ainda razões de justiça sancionatória. Tendo em conta a relação interna entre ambas as infracções produzida pelo facto, faz todo o sentido que as investigações de uma e de outra não decorram em princípio separadamente, a menos que as de uma provoquem demora excessiva para as de outra[32], e que seja o juiz a aplicar a coima. Isso permitir-lhe-à não só determinar a natureza do concurso mas também proceder a um «cúmulo jurídico» das sanções aplicáveis (caso o sejam ambas), o que potencia a justiça punitiva, mormente quando está em causa a aplicação de uma coima e de uma pena de multa.

4.3. O último ponto que abordarei no quadro da presente intervenção diz respeito ao regime sancionatório do Anteprojecto regulado no art° 413 e ss. Sublinharei alguns aspectos atinentes à escolha e medida da pena, à responsabilidade e à punição das pessoas colectivas e ao regime das penas substitutivas e acessórias.

---

[31] Estipula-se aí que devem ser instaurados processos diferentes a decidir pelas autoridades competentes.

[32] Demoras para o processo contra-ordenacional poderão ocorrer nos casos em que o processo penal depende de queixa ou de acusação particular e atrasos causados pelas investigações e instrução da contra-ordenação poderão suceder quando o processo penal adquira forma especial.

4.3.1. Em matéria de escolha e medida da pena, são inseridas no artº 413 a título exemplificativo, além das circunstâncias já previstas em legislação penal económica, nomeadamente o DL nº 28/84 (artº 6), duas novas circunstâncias particularmente adequadas à temática em causa: «ter a infracção provocado alarme ou inquietação social, manifestada numa alteração perceptível do comportamento económico das pessoas» (al. b); «o impacto social da sanção a aplicar» (al. g). A primeira chama a atenção para as consequências sociais do crime e releva como índice de gravidade do mesmo. A psicologia social tem estudado o efeito que o alarme ou a inquietação resultantes de crimes como os previstos nos arts. 428 e 432 do Anteprojecto produzem no padrão de vida dos consumidores, realidade a que o juiz não deve ficar indiferente na hora de fixar a pena concreta. A segunda circunstância referida vai no sentido oposto, alertando para as consequências sociais da pena. A aplicação de uma pena a comportamentos económicos poderá interferir negativamente no tecido económico ao ponto de gerar injustiças sociais, de que não é exemplo dispiciendo o despedimento de trabalhadores. O aplicador não deve ficar insensível a este tipo de consequências. A directiva da al. g) serve também para demonstrar que em matéria punitiva o Anteprojecto não segue uma lógica de retribuição.

4.3.2. As penas aplicáveis às pessoas colectivas e equiparadas são reguladas pelo artº 414. Depois de o artº 408 estabelecer os termos em que pode ser atribuída responsabilidade criminal e contra-ordenacional às pessoas colectivas e equiparadas, em moldes que não distam muito do que é hoje comum entre nós no Direito Penal secundário, o artº 414 enuncia as penas aplicáveis e o regime da sua aplicação. Quando à primeira disposição, permito-me lembrar que se encontra actualmente em discussão pública um Anteprojecto de Revisão do Código Penal que introduz alterações importantes ao artº 11 do CP. De entre elas merecem destaque a extensão da responsabilidade criminal das pessoas colectivas e equiparadas a vários domínios do Código Penal, como, por exemplo, os crimes sexuais, e a definição dos critérios de imputação que possibilitam essa extensão. São eles a ocupação de uma posição de liderança no seio da pessoa colectiva e a violação de deveres de vigilância ou controlo por quem detém aquela posição.

Quanto ao primeiro critério, ele não constitui propriamente uma novidade. Mesmo sem estar expressamente referido nos vários diplomas que formam o Direito Penal secundário, é o critério habitualmente usado entre nós para justificar e determinar a responsabilidade criminal das pessoas colectivas. Agindo estas, não por conduta própria, mas através da actuação dos seus órgãos dirigentes, faz sentido que lhes sejam imputadas as acções que estes realizam em nome delas e no interesse colectivo. É este também o modelo subjacente ao art° 408 do Anteprojecto. Não quero dizer que tenham sido superadas por esta via todas as dificuldades, nomeadamente as relacionadas com a natureza derivada ou autónoma da imputação do facto à pessoa colectiva e com a adequação desta forma de responsabilidade à culpa jurídico-penal[33], mas tão só que a atribuição à pessoa colectiva de decisões e acções dos seus órgãos dirigentes é um critério frequentemente usado pela jurisprudência nacional e que o Anteprojecto não ignorou essa realidade na regulação da matéria.

Já a responsabilidade da pessoa colectiva e equiparada baseada na *culpa in vigilando* dos seus dirigentes por factos praticados por subordinados (trabalhadores, funcionários etc.) no desempenho de funções, proposta no art° 11 n° 2 al. b) daquele Anteprojecto de Revisão, se afigura mais difícil de aceitar. Parece-me precipitada a introdução na estrutura da responsabilidade criminal de uma categoria que lhe é estranha, com todas as perturbações que isso acarreta. Na verdade, o critério em causa produz uma dupla aporia. Por um lado, comporta e equipara conceptualmente dolo, negligência e risco, o que, tendo em conta que estamos perante comportamentos omissivos praticados no contexto de organizações complexas, quase sempre de prova difícil, não deixa de constituir um convite à simplificação da prova e à irrupção no âmbito das pessoas colectivas de formas larvares de responsabilidade penal objectiva[34]. O dirigente que tinha o dever funcio-

---

[33] Dá conta destas dificuldades ULFRID NEUMANN, *Das Corpus Juris im Streit um ein europäisches Strafrecht*, in BARBARA HUBER (Hrsg.), *das Corpus Juris als Grundlage eines europäischen Strafrecht*, ed. Juscrim, 2000, p. 80 e s.

[34] Sobre este risco, documentado em algumas sentenças judiciais proferidas na área da chamada responsabilidade penal pelo produto, v. HASSEMER/MUÑOZ CONDE, *La responsabilidad por el producto en Derecho Penal*, ed. lo Blanc, 1995, p. 168 e ss.

nal de controlar o sector da actividade da empresa em que o crime foi praticado e simplesmente não o cumpriu, aumentou desse modo o risco de realização do crime e isso pode ser considerado bastante – pelo menos conceptualmente é-o – para a afirmação da *faute* que possibilita a transferência do crime realizado para a esfera de responsabilidade da pessoa colectiva. Por outro lado, o critério da *culpa in vigilando* cria o risco de a pessoa colectiva ser responsável por um crime doloso cometido por um seu trabalhador (dos previstos no nº 2 do artº 11 daquele Anteprojecto) quando o título de imputação consiste, por exemplo, na violação negligente do dever de vigilância por banda de um ou mais dos seus dirigentes. A estrutura trifásica introduzida por este critério (comportamento do subordinado, *culpa in vigilando* dos dirigentes, pessoa colectiva imputada) proporciona situações desfocadas, como esta, que são dificilmente compagináveis com o princípio da culpa[35].

De entre as penas aplicáveis às pessoas colectivas e equiparadas no Anteprojecto de Código do consumidor avultam a multa e a interdição temporária da actividade. A novidade introduzida neste ponto reside na caracterização de ambas como penas principais e na criação de uma certa articulação e convertibilidade entre elas à semelhança do que se passa com a multa e a prisão relativamente às pessoas singulares. Neste sentido, o artº 414 nº 2 estipula que, em caso de concurso de crimes, a pessoa colectiva será condenada numa pena única se as penas aplicadas aos crimes em concurso forem umas de interdição temporária da actividade e outras de multa. Tal como sucede no regime aplicável às pessoas singulares, a pena única tem aqui como limite máximo a soma das penas concretamente aplicadas aos vários crimes, não podendo ultrapassar os 10 anos no caso de interdição temporária da actividade e os 900 dias tratando-se de pena de multa, e como limite mínimo a mais elevada das penas concretamente aplicadas aos vários crimes.

---

[35] Alerta para contradições valorativas deste género, WOLFGANG FRISEH, *Problemas fundamentales de la responsabilidad penal de los órganos de dirección de la empresa: responsabilidad penal en el ámbito de la responsabilidad de la empresa y de la división del trabajo*, in MIR PUIG/LUZÓN PEÑA (coords.), *Responsabilidad penal de las empresas y sus órganos, y responsabilidad por el producto*, ed. Boseh, Barcelona, 1996, p. 125 e s.

Fora das situações de concurso de crimes estabelecem-se também relações entre as duas penas (art° 414 n° 3). No sistema do Anteprojecto a pena de interdição temporária de actividade terá a duração mínima de 1 mês e máxima de 2 anos (art° 416 n° 2) e só será aplicada se a pena de multa não for aplicável no caso concreto (art° 416 n° 1 al. a), o que acontece nos crimes mais graves como o do art° 428 n° 1, ou se o tribunal considerar que as penas de admoestação ou de multa se revelam concretamente inadequadas à gravidade do crime ou à realização das finalidades de prevenção geral e especial (art° 416 n° 1 al. b). Se o tribunal optar pela aplicação da pena de multa e esta não tiver sido paga voluntária ou coercivamente, será decretada judicialmente a sua conversão na pena subsidiária de interdição temporária da actividade pelo tempo correspondente reduzido a dois terços e até ao limite máximo de 2 anos (art° 415 n° 2). A pessoa colectiva ou equiparada que foi alvo desta conversão pode a todo o tempo evitar a sua execução pagando, no todo ou em parte, a multa devida, conforme dispõe o art° 415 n° 3.

Da maior importância julgo ser o disposto no art° 416 n° 3 para a pena de interdição temporária da actividade, que é extensivo à pena de dissolução (art° 417 n° 2) e a um conjunto de penas substitutivas e acessórias válidas tanto para pessoas colectivas quanto para as pessoas singulares (arts.420 n° 7, 423 n° 5, 424 n° 3): a sua aplicação não pode constituir justa causa para o despedimento de trabalhadores nem fundamento para a suspensão ou redução do pagamento das respectivas remunerações. Trata-se de uma regra concretizadora da obrigação geral de atender ao impacto social das penas, a que aludi atrás, a qual, não sendo novidade, pois já se encontra prevista nos arts.17 n° 3 e 18 n° 2 do DL n° 28/84, dedicados respectivamente ao encerramento temporário e definitivo de estabelecimento, não tinha conhecido até agora tão grande amplitude.

4.3.3. A finalizar, dedicarei breves palavras ao elenco das penas substitutivas e das penas acessórias enunciado no art° 418 e ss. do Anteprojecto. Novidade digna de menção é a possibilidade de algumas das penas enumeradas nas alíneas do n° 1 do art° 418 funcionarem quer como penas acessórias quer como penas substitutivas da prisão, da interdição temporária da actividade e da multa. É o caso da interdição do exercício de certas práticas, actividades ou profissões (al. b), da privação do direito a receber subsídios ou benefícios outorgados por entidades ou serviços públicos (al. c), da proibição de participar em feiras ou mercados (al. d), do encerramento temporário (al. e) e do encerramento definitivo (al. f) de estabelecimento. O interesse e a utilidade político-criminal da ambivalência conferida a estas sanções está na ampliação do leque de soluções punitivas colocadas ao dispor do tribunal. Tal leque vale tanto para as pessoas singulares como, mais amplamente, para as pessoas colectivas. O n° 2 do art^o 418 estabelece que a aplicação das ditas penas, a um ou a outro título, só terá lugar segundo o regime definido para cada uma no art^o 419 e ss. e «quando o tribunal concluir que por meio delas são realizadas de forma adequada e suficiente as necessidades de punição e as finalidades de prevenção geral e especial do crime». Por aqui é rejeitada liminarmente qualquer automaticidade na aplicação destas sanções.

Para evitar confusões, a dupla qualidade das penas referidas é gerida do seguinte modo: até um certo limite de pena concreta de prisão ou de multa cada uma delas pode ser aplicada como pena substitutiva; a partir desse limite a sua aplicação apenas poderá ter lugar como pena acessória. Deste modo é afirmado o princípio de que as penas substitutivas são aplicáveis em vez de penas principais de pequena gravidade, que no Anteprojecto oscilam entre prisão concreta até 1 ano (arts. 420, 421 e 422) ou até 3 anos (art^o 424) e multa concreta até 180 dias (arts.420, 421 e 422) ou até 360 dias (art^o 424), e o princípio de que o recurso a penas acessórias só se justifica quando os crimes cometidos vencem penas concretas de prisão ou multa (ou de interdição temporária da actividade) acima desses valores. Por outras palavras, nem são aplicadas penas substitutivas a crimes de média e elevada gravidade, nem são aplicadas penas acessórias a crimes de pequena gravidade.

O cumprimento das injunções resultantes das penas referidas, quer tenham sido utilizadas como penas substitutivas quer como penas acessórias, é respaldado pela criação de dois grupos de crimes. Assim, o exercício de profissão, prática ou actividade interditas, bem como a participação em feiras e mercados interditos, serão punidos segundo a pena prevista para o crime de violação de proibição ou interdição do art^o 353 do CP. Já a transmissão do estabelecimento ou a cedência de direitos relacionados com o exercício da profissão ou da actividade em cujo âmbito foi praticado um crime do Anteprojecto, após a instauração do procedimento criminal, serão punidas com pena de prisão até 1 ano ou com pena de multa até 120 dias (arts. 423 nº 4 e 424 nº 3). A este último crime podem ser aplicadas as penas do artº 418 nº 1 a título de pena substitutiva da prisão ou da multa.

O ANTEPROJECTO
DE CÓDIGO DO CONSUMIDOR
E A VENDA DE BENS DE CONSUMO*

PAULO MOTA PINTO

I. As possibilidades que se deparam ao legislador

A primeira questão que a ideia de uma codificação própria do direito do consumidor suscita é a da sua conveniência e adequação. Trata-se de uma questão de política legislativa. Para responder a ela importa considerar as opções de que o legislador dispõe, na situação actual.

A primeira possibilidade é, evidentemente, não legislar, isto é, nada fazer, deixando permanecer a situação actual em que, no direito privado, com a codificação civil coexiste uma miríade de diplomas avulsos destinados à protecção do consumidor. Tal solução será sem dúvida a mais fácil, que menos problemas imediatos levantará, mas é também aquela que menos contribui para resolver o problema da

---

* Publica-se o texto que serviu de base à comunicação apresentada no colóquio sobre o anteprojecto de Código do Consumidor, na Faculdade de Direito da Universidade de Lisboa, em 8 de Junho de 2006. Manteve-se o estilo coloquial e não foi possível, por falta de tempo, nem desenvolver alguns pontos tocados na intervenção e no debate, nem incluir referências bibliográficas mais desenvolvidas.

120 Estudos do Instituto de Direito do Consumo

dispersão das fontes do regime da protecção do consumidor (a chamada "Lei de Defesa dos Consumidores", isto é, a Lei n.º 24/96, de 31 de Julho, apenas contém um regime geral, como é sabido), com dificuldades de coordenação entre elas – por exemplo, com a adopção de noções não coincidentes de "consumidor" em diversos diplomas. Tal dispersão[1] constitui, sem dúvida, um problema de acesso ao Direito, e, se se entender que deve ser combatida para facilitar este acesso, não se afigura que a melhor solução seja nada fazer. Aliás, perante o grande número de diplomas, destinados a proteger o consumidor, que foram sendo aprovados em vários países europeus nas últimas décadas, designadamente por influência da União Europeia – e parecendo este movimento ter atingido um estádio de momentânea pausa, pelo menos no núcleo do direito privado, depois da Directiva 1999/44/CE, de 25 de Maio de 1999 (relativa a certos aspectos da venda de bens de consumo e das garantias a ela relativas) e de a atenção se parecer dirigir, nesse domínio, para as tentativas de harmonização do direito europeu dos contratos –, compreende-se a tendência do legislador, e a reclamação da prática, para lhes conferir alguma ordem e unidade sistemática, numa codificação própria ou integrando-os numa codificação geral. Se olharmos para a integração de diplomas que visam proteger o consumidor no Código Civil alemão, em 2001, ou para a recente aprovação de um *Codice del Consumo* em Itália[2], a tendência que se delineia parece ser, na verdade, no sentido de proceder a uma racionalização legislativa daquele material – e o instrumento adoptado para tal, desde os primórdios da modernidade, é, como se sabe, o Código.

---

[1] Cf., na nota preambular ao *Anteprojecto do Código do Consumidor*, p. 15, a lista de diplomas revogados total (Decretos-Lei n.º 446/85, de 25-10; Decreto-Lei n.º 253/86, de 25-08; Decreto-Lei n.º 238/86, de 19-8; Decreto-Lei n.º 383/89, de 6-11; Decreto-Lei n.º 138/90, de 26-04; Decreto-Lei n.º 330/90, de 23-10; Decreto--Lei n.º 359/91, de 21-09; Decreto-Lei n.º 195/93, de 24-5; Lei n.º 23/96, de 26-7; Lei n.º 24/96, de 31-7; Decreto-Lei n.º 154/97, de 20-6; Decreto-Lei n.º 234/99, de 25-6; Lei n.º 6/99, de 27-1; Decreto-Lei n.º 143/2001, de 26-4; Decreto-Lei n.º 67/2003, de 8-4; Decreto-Lei n.º 69/2005, de 17-3) ou parcialmente (Decreto-Lei n.º 275/93, de 5-8; Decreto-Lei n.º 209/97, de 13-8; Decreto-Lei n.º 370/93, de 29/10; Decreto-Lei n.º 81/2002, de 4-4; Lei n.º 25/2004, de 8-7).

[2] Decreto Legislativo de 6 de Setembro de 2005, n.º 206, publ. na *Gazzetta Ufficiale* n.º 235, de 8 de Outubro de 2005.

O Anteprojecto de Código do Consumidor e a Venda de Bens de Consumo   121

A segunda possibilidade estará na tentativa de restauração de uma "unidade legislativa perdida", mediante a integração do regime da defesa dos consumidores na codificação do direito privado comum – o Código Civil. Foi esta, em grande medida, a solução seguida pelo legislador alemão[3]: depois de, com a Lei sobre os contratos à distância, de 2000, a figura do consumidor ter feito a sua aparição pela primeira vez no BGB, a "Lei de Modernização do Direito das Obrigações", de 2001, com uma grande reforma do direito geral das obrigações e da compra e venda, veio a integrar também disposições específicas das relações com consumidores – da "venda de bens de consumo" (§§ 474 a 479) –, em transposição da citada Directiva 1999/44/CE. É sem dúvida também uma via possível, mas parece-nos que há que ter consciência de razões específicas que levaram o legislador alemão a essa opção. Estas prendiam-se, antes de mais, com a existência, há duas décadas, de trabalhos para uma reforma do direito das obrigações, apoiada por sectores importantes da doutrina, com a ausência de um diploma geral destinado à protecção dos consumidores (uma *Konsumentenschutzgesetz*, como existe na Áustria ou entre nós); e, sobretudo, com a preservação da especial posição do BGB e da ciência jurídica alemã no contexto histórico e comparatístico da codificação do direito civil, mediante a sua actualização, numa tentativa, assumida nos trabalhos preparatórios, de influenciar a unificação do direito privado europeu. Isto, para além de uma outra razão – essa não específica e que deve, a nosso ver, ser considerada também pelo nosso legislador –, consistente na intenção de "generalizar", tanto quanto possível, algumas das soluções que foram sendo adoptadas no regime dos consumidores[4], fazen-

---

[3] Para um relato, v., entre nós, ANTÓNIO MENEZES CORDEIRO, "A modernização do direito das obrigações", *ROA*, 2002, pp. 91-110 e 319-345 (III: "A integração da defesa do consumidor").

[4] É impossível não recordar aqui a conhecida imagem do direito comercial como uma "geleira", de LEVIN GOLDSCHMIDT, agora aplicada ao direito dos consumidores: "O Direito Comercial assume, em face do Direito Civil em geral, a função de um *abrir caminho para reformas*. Desenvolvendo-se, não só sob a preponderante influência das classes da população economicamente mais preparadas e mais avisadas – grandes industriais, armadores, negociantes por grosso, magnates financeiros –, mas ainda prevalentemente de harmonia com os interesses de tais classes, tende a penetrar das suas inclinações todo o Direito Civil e, dissolvendo-se neste, a restringir notavel-

do-as integrar o regime geral da compra e venda (por exemplo, quanto à noção de defeito, ou a prazos), com vista a evitar, tanto quanto possível, a existência de "quebras" ou "fracturas" de regime.

Por outro lado, não pode escamotear-se que a integração do regime da defesa dos consumidores no Código Civil depara com dificuldades e insuficiências graves. A primeira dessas dificuldades, de ordem predominantemente teórica mas fundamental, resulta simplesmente do facto de não se ter encontrado até hoje uma concepção convincente para integrar o consumidor no direito privado comum, o qual assenta num "paradigma" bem diverso. O direito civil dirige-se em primeira linha ao cidadão (*cives*), independentemente do seu "papel" numa relação específica, e num plano de igualdade para com a contraparte na relação – o que é, aliás, bem marcado especialmente num sistema como o nosso, onde, por exemplo, o regime do contrato individual de trabalho nunca esteve integrado no Código Civil (e foi até recentemente integrado numa codificação do direito do trabalho). O regime de defesa dos consumidores dirige-se, em grande medida – sobretudo naqueles pontos que não são susceptíveis de ser alargados à generalidade dos cidadãos –, à pessoa apenas enquanto é parte numa relação com um profissional, para a qual não dispõe de uma competência específica, e, pelo menos tipicamente, com menor poder económico e social do que este[5]. A esta

---

mente o seu raio de acção – raio que, entretanto, se reamplia de novo com a adjunção de novas normas jurídicas correspondentes a específicas necessidades do comércio. Podemos compará-lo a uma geleira: nas zonas inferiores, o gelo, fundindo-se, une-se à massa geral da água das chuvas, enquanto, nas zonas superiores, continuamente se forma novo gelo" (*Universalgeschichte des Handelsrechts*, Stuttgart, 1891, pp. 11 e s., cit. por Orlando de Carvalho, *Critério e estrutura do estabelecimento comercial. O problema da empresa como objecto de negócios*, Coimbra, 1967, p. 116, n. 61). Em tempos mais recentes, esta função foi também desempenhada, em vários problemas, pela defesa dos consumidores – pense-se, por ex., nos regimes das cláusulas contratuais gerais, da responsabilidade civil do produtor, ou da compra e venda de bens de consumo, que pela sua intenção arrancam sem dúvida da protecção dos consumidores, mas se tendem a alargar e dissolver, unindo-se "à massa geral da água das chuvas, enquanto, nas zonas superiores, continuamente se forma novo gelo".

[5] Esta diferença reflectiu-se mesmo em dificuldades nos próprios resultados da "Lei de Modernização do Direito das Obrigações" alemã. Assim, o legislador foi obrigado a intervir novamente, em Dezembro de 2004, para esclarecer que a norma do novo § 444 do BGB, na sua imperatividade, apenas se aplicava se e "na medida

O Anteprojecto de Código do Consumidor e a Venda de Bens de Consumo 123

diferença corresponde uma distinção no plano da história das fontes e da respectiva metodologia: a oposição entre uma codificação, que é uma regulamentação "centralizada", resultado da segregação de soluções pelo trabalho doutrinal, jurisprudencial e legislativo de mais de dois milénios, e a aprovação de soluções dispersas, consabida e intencionalmente fragmentárias (isto é, sem uma vocação de totalidade), a partir da jurisprudência ou de medidas políticas avulsas, acorrendo a necessidades e problemas específicos. Foi esta última a história do regime da defesa do consumidor, a partir de um claro voluntarismo político, tanto nos Estados Unidos como, depois, na Europa (aqui em certa fase também com o pretexto da criação de um mercado único, e, depois, de um "elevado nível de protecção" do consumidor). Sem o aprofundamento do trabalho teórico de integração das disciplinas e dos regimes, não parece de esperar uma linha de coerência da tentativa de juntar numa única codificação a "matéria civilística" com a "antimatéria" da protecção do consumidor. Esta última qualificação é, aliás, tanto mais apropriada quanto o que tais propostas podem esconder, ou objectivamente implicar, seria entre nós, na realidade, um "ataque" ao Código Civil (muitas vezes em nome de uma preservação da unidade do direito privado) com a introdução nele de "corpos estranhos", como é o caso da figura do consumidor.

---

em que" o vendedor tivesse sido reticente quanto a um defeito, ou tivesse assumido uma garantia de qualidades da coisa, pois uma pretensa imperatividade geral estava a provocar dúvidas sobre a possibilidade de limitação da garantia, designadamente, na venda de empresas (cf. o artigo 1.º, n.º 6, da "Lei de Alteração de Disposições sobre Contratos à Distância em Serviços Financeiros", de Dezembro de 2004, que introduziu no § 444 do BGB a expressão "na medida em que" – "soweit"). V., por ex., FRIEDRICH GRAF VON WESTPHALEN, "Ein Stein des Anstoßes: § 444 BGB n.F.", ZIP, 2001, pp. 2107 e ss., JAN THIESSEN, "Garantierte Rechtssicherheit beim Unternehmenskauf? Der Gesetzentwurf zur Änderung des § 444 BGB", in Zeitschrift f. Rechtspolitik, 2003, pp. 272-274, WOLFGANG WEITNAUER, "Der Unternehmenskauf nach neuem Kaufrecht", NJW, 2002, pp. 2511-2517, HENNING JAQUES, "Haftung des Verkäufers für arglistiges Verhalten beim Unternehmenskauf – zugleich eine Stellungnahme zu § 444 BGB n. F.", BB, 2002, pp. 417 e ss., STEPHAN LORENZ, "Schuldrechtsreform 2002 : Problemschwerpunkte drei Jahre danach", NJW, 2005, pp. 1889-1896 (1895). Para STEPHAN LORENZ, Schuldrechtsmodernisierung – Erfahrungen seit dem 1. Januar 2002, Karlsruher Forum 2005, texto depois da n. 474, tratou-se de uma "tempestade num copo de água".

Quanto às insuficiências, notar-se-á, apenas, que a tentativa de integração (de partes) do regime da defesa do consumidor no Código Civil implica também abandonar a proposta de unificação legislativa do regime da defesa do consumidor, em todos aqueles aspectos – e são muitos – que não podem integrar o Código Civil: pense-se, por exemplo, nas inúmeras disposições sancionatórias, contra-ordenacionais ou penais, em normas processuais ou organizatórias, que integram hoje a dita "Lei de Defesa dos Consumidores". Cumpre notar, ainda, que a instabilidade dos diplomas que visam proteger o consumidor, por vezes apontada como argumento contra a sua codificação, não deporá, certamente, a favor da integração dessas matérias no Código Civil, onde a rigidificação só poderá ser maior; e que, não estando a decorrer, nem se prevendo a curto prazo, trabalhos de reforma do Código Civil, a remissão de uma intervenção legislativa no regime da defesa dos consumidores para uma tal eventual reforma do Código Civil significa, realisticamente, uma postergação por vários anos de qualquer intervenção – isto é, a curto ou médio prazo significa a adopção da primeira alternativa referida.

Perante estas dificuldades e insuficiências, apresenta-se uma terceira possibilidade, sem dúvida também não isenta de escolhos, mas que não abdica de tentar pôr a ordem possível nos diplomas destinados à defesa do consumidor, sem, porém, implicar qualquer incisão profunda no diploma fundamental do nosso direito privado: a tentativa de uma codificação paralela ao Código Civil, das matérias do direito do consumidor, isto é, de elaboração de um Código de Defesa dos Consumidores, ou de um Código do Consumidor. Foi essa a opção que o nosso legislador parece ter seguido, já há anos, ao promover a constituição da "Comissão para a Reforma do Direito do Consumo e do Código do Consumidor"[6]. E é essa a solução que, por ora, parece real-

---

[6] V. António Pinto Monteiro, "Discurso do Presidente da Comissão do Código do Consumidor", *BFD*, 72, 1996, pp. 403-410, ID., "Do direito do consumidor ao Código do Consumidor", *Estudos de direito do consumidor*, Coimbra Centro de Direito do Consumo, 1999, pp. 201-214, ID., Preâmbulo ao *Anteprojecto do Código do Consumidor*, cit., e, recentemente, a discussão das alternativas de política legislativa referidas, em ID., "O anteprojecto do Código do Consumidor" em *RLJ*, ano 135.º, pp. 193 e ss.

O Anteprojecto de Código do Consumidor e a Venda de Bens de Consumo 125

mente preferível, sem prejuízo, porém, da possibilidade de, como fez o legislador alemão, se "generalizar", alargando para além das relações com os consumidores, algumas das soluções contidas em diplomas de protecção do consumidor.

II. O regime das garantias na venda de bens de consumo e a transposição da Directiva 1999/44/CE pelo Decreto-Lei n.º 67/2003, de 8 de Abril

Poderá estranhar-se a proposta de nova reforma do regime da compra e venda de bens de consumo, poucos anos depois da entrada em vigor do Decreto-Lei n.º 67/2003, de 8 de Abril, pelo qual foi transposta para a ordem jurídica portuguesa a referida Directiva 1999/44/ /CE. Na verdade, pensamos que, tal como proposto em 2003[7], se mantém a conveniência em evitar, tanto quanto possível, a fragmentação e a dispersão de regimes da compra e venda. Neste aspecto, é sem dúvida de acompanhar a solução adoptada pelo legislador alemão, de "generalizar" tanto quando possível o regime da compra e venda de bens de consumo (salvo no que concerne à sua imperatividade, e, eventualmente, num ou noutro aspecto de pormenor). É a conclusão que resulta, desde logo, da incerteza sobre a delimitação dos respectivos campos de aplicação, em muitos casos – pense-se, por exemplo, nas dificuldades de qualificação do comprador como consumidor quando for uma pessoa colectiva, quando adquirir um bem para um "uso misto", profissional e não profissional, ou quando a finalidade exclusivamente não profissional da aquisição não for reconhecível à contraparte, de acordo com os critérios interpretativos gerais. Mas é também o que resulta da manifesta conveniência em evitar as referidas "quebras" ou"fracturas"

---

[7] V. PAULO MOTA PINTO, "Conformidade e garantias na venda de bens de consumo/A Directiva 1999/44/CE e o direito português", *Estudos de Direito do Consumidor*, 2, 2000, pp. 247-312, ID., "Anteprojecto de diploma de transposição da Directiva 1999/44/CE para o Direito português/Exposição de motivos e articulado", *Estudos de Direito do Consumidor*, 3, 2001, pp. 165-279, ID., "Reflexões sobre a transposição na Directiva 1999/44/CE para o direito português", *Themis. Revista da Faculdade de Direito da UNL*, 2001, pp. 195-218.

de regime, que podem levantar problemas complexos (pense-se só, *v. g.*, no direito de regresso do vendedor final de bens de consumo, ou, mesmo fora do domínio da protecção do consumidor, nas consequências, na "cadeia contratual", de diferenças acentuadas de regime para a compra e venda entre comerciantes ou a não comerciantes)[8].

É, pois, de lamentar que, por razões de oportunidade e (reconhecidamente) de urgência na transposição da Directiva 1999/44/CE, o legislador não tenha tido então suficiente "golpe de asa" para, pelo menos, promover o início de uma limitada reforma do regime geral da venda de coisas defeituosas[9], limitando-se a revogar disposições da "Lei de Defesa dos Consumidores" num diploma que mantém o mesmo campo de aplicação da Directiva e a procurou seguir de perto (embora nalguns casos sem o conseguir, como referiremos). Isto, tanto mais quando esse regime do Código Civil, traduzindo sem dúvida uma interessante concepção "híbrida" da venda de coisas defeituosas, arrancando da fase formativa do contrato (v. a remissão nos arts. 913.º e 905.º), mas com elementos próximos do não cumprimento (cf. o art. 914.º), foi sujeito a escrutínio doutrinal crítico logo poucos anos depois de entrar em vigor[10], parecendo defensável a ideia de que

---

[8] Tentámos explorar alguns destes problemas a propósito do direito de regresso do vendedor final de bens de consumo, em "O direito de regresso do vendedor final de bens de consumo", *ROA*, 2002, pp. 143-199.

[9] Como aquela a que se procedeu, por ex., no direito austríaco – em 2001 foi publicada a "Lei Federal, pela qual se altera o direito da garantia no *Allgemeines Bürgerliches Gesetzbuch* e na *Konsumentenschutzgesetz* e na lei do contrato de seguro" (*Gewährleistungsrechts-Änderungsgesetz*). O estudo que serviu de base ao anteprojecto é RUDOLF WELSER/BRIGITTA JUD, "Zur Reform des Gewährleistungsrechts", *GA 14.ÖJT*, ss. 154-162. Cf. também WOLFGANG SCHUMACHER, "Die Anpassung des österreichischen Rechts an die EU-Vertragsklauselrichtlinie sowie an die Verbrauchsgüterkaufrichtlinie", *Zeitschrift f. Schweizerisches Recht*, 4, I, 1999, pp. 361-383, e WOLFGANG FABER, "Zur Richtlinie bezüglich Verbrauchsgüterkauf und Garantien für Verbrauchsgüter", *Juristische Blätter*, 7, 1999, pp. 413-433.

[10] Cf. JOÃO BAPTISTA MACHADO, "Acordo negocial e erro na venda de coisas defeituosas", *BMJ*, n.º 215 (1972), *passim*, PEDRO ROMANO MARTINEZ, *Cumprimento defeituoso – em especial na compra e venda e na empreitada*, Coimbra, 1994, pp. 294 e ss., CARLOS FERREIRA DE ALMEIDA, *Texto e enunciado na teoria do negócio jurídico*, vol. I, Coimbra, 1992, pp. 654 e ss. Para tentativas de explicação do regime, v. MANUEL CARNEIRO DA FRADA, "Erro e incumprimento na não-conformidade da coisa

O *Anteprojecto de Código do Consumidor e a Venda de Bens de Consumo* 127

corresponde, com a sanção da anulabilidade e uma indemnização em princípio apenas pelo interesse contratual negativo, a um paradigma da compra e venda – o da venda de coisa específica, em que *aquele* objecto é individualizado espácio-temporalmente – que já não é hoje o dominante. Mesmo o legislador do BGB veio, aliás, a prever em 2001, no novo § 433, n.º 1, 2.ª frase, que o "vendedor tem de entregar ao comprador uma coisa livre de vícios de facto ou de direito", caso contrário não cumprindo a sua obrigação.

Seja como for, a verdade é que existe hoje um regime da compra e venda de bens de consumo vigente na nossa ordem jurídica – o do Decreto-Lei n.º 67/2003. E, não se prevendo uma reforma do Código Civil a curto prazo, seria dificilmente explicável que tal regime não fosse integrado numa codificação do regime da defesa dos consumidores. Será, porém, a ocasião para corrigir alguns problemas que o regime do referido Decreto-Lei n.º 67/2003 apresenta, designadamente na sua conformidade com a Directiva 1999/44/CE. Para referir apenas o que nos parece mais flagrante, é de alterar o prazo de seis meses, previsto no artigo 5.º, n.º 4, daquele Decreto-Lei ("Os direitos conferidos ao consumidor nos termos do n.º 1 do artigo 4.º caducam" decorridos seis meses sobre a denúncia), que é incompatível com o artigo 5.º, n.º 1, 2.ª frase da Directiva 1999/44/CE[11], e que, para a empreitada de bens de consumo, é mesmo menos protector do dono da obra do que o regime geral do Código Civil (cf. o artigo 1224.º, n.º 1). Por outro lado, seria possivelmente também a ocasião para dotar de uma sanção eficaz – por exemplo, um regime supletivo – o não cumprimento das regras do Decreto-Lei n.º 67/2003 sobre "garantias voluntárias" (artigo 9.º).

---

com o interesse do comprador", *O Direito*, ano 121º, 1989, pp. 461-484, ID., "Perturbações típicas do contrato de compra e venda", in ANTÓNIO MENEZES CORDEIRO (coord.), *Direito das Obrigações*, Lisboa, 1991, pp. 72 e ss., JOÃO CALVÃO DA SILVA, *Responsabilidade civil do produtor*, Coimbra, Almedina, 1999, pp. 213 e ss. ("dualismo estrutural e sucessivo").

[11] Cf. já o nosso "Conformidade e garantias...", cit., n.º V, 6. Trata-se de um prazo de caducidade que, aliás, não pode referir-se ao direito de intentar uma acção judicial de anulação, como no art. 917.º do Código Civil, pois que a consequência não é no Dec.-Lei n.º 67/2003 a anulabilidade judicial do contrato, mas sim a possibilidade da sua resolução (extrajudicial).

III. Algumas soluções do anteprojecto de Código do Consumidor em matéria de garantias na compra e venda de bens de consumo

Passando à descrição geral do regime proposto no Anteprojecto de Código do Consumidor em matéria de compra e venda de bens de consumo, há que salientar que ele é marcado por duas preocupações: em primeiro lugar, evidentemente, a de conformidade com as obrigações resultantes da Directiva 1999/44/CE, conformidade assegurada quase plenamente (mas não em todos os pontos, como referimos) já pelo regime do Decreto-Lei n.º 67/2003; em segundo lugar, a preocupação de que o novo regime não reduza globalmente o nível de protecção dos compradores-consumidores. É claro que esta última preocupação depende, nalguns aspectos, da determinação, por interpretação, do direito vigente – por exemplo, quanto à extensão da imperatividade da inclusão no contrato das declarações publicitárias, nos termos do artigo 7.º, n.º 5, parte final, da Lei n.º 24/96. Frisamos, porém, que, apesar de não se introduzir grandes alterações no regime do Decreto-Lei n.º 67/2003, e de as que são propostas serem sobretudo em sentido favorável ao comprador (por exemplo, o referido caso do prazo para o exercício dos direitos), a nosso ver a manutenção ou redução do nível de protecção dos consumidores – que nada mais é, aliás, do que um postulado de política legislativa, e não uma imposição jurídica (por exemplo, constitucional) – tem de ser apreciada numa perspectiva global: isto é, atendendo às posições de comprador e vendedor tal como resultam do regime na sua globalidade, e não em cada ponto isoladamente.

No que respeita à inserção sistemática, o regime da compra e venda de bens de consumo enquadra-se no título II, sobre os direitos do consumidor, e na protecção dos interesses económicos em especial. A sua delimitação faz-se, como actualmente, por remissão para as categorias de consumidor e de profissional, sem qualquer limitação consoante o tipo de bem. Por outro lado, centramo-nos apenas na compra e venda, embora se note que, a exemplo do artigo 939.º do Código Civil, o *Anteprojecto* contém uma disposição que estende o regime daquela a outros contratos onerosos de

O *Anteprojecto de Código do Consumidor e a Venda de Bens de Consumo*   129

transmissão ou constituição de direitos reais ou pessoais de gozo (artigo 255.º)[12].

Também como actualmente, adopta-se a noção de conformidade com o contrato, enquadrando, pois, a venda de coisas defeituosas como um problema de cumprimento. Tal enquadramento é, mesmo, explícito, na medida em que se prevê que a obrigação de entrega por parte do profissional só se considera cumprida se os bens estiverem em conformidade com o contrato no momento em que o consumidor os recebe (artigo 256.º, n.º 1). A previsão de um dever de entrega de uma coisa em conformidade com o contrato, resultante da Directiva 1999/44/CE, foi também, como referimos, seguida pelo legislador do BGB (no cit. novo § 433, sobre deveres contratuais típicos na compra e venda). Mantém-se também, por outro lado, e para além do que era exigido pela Directiva – mas tal como resulta do artigo 3.º, n.º 2, do Decreto-Lei n.º 67/2003 –, a presunção de anterioridade do defeito (cujo alcance, aliás, tem levantado problemas no direito alemão[13]) para aqueles que se manifestem durante todo o prazo de garantia, salvo se tal presunção for incompatível com a natureza da coisa ou do defeito. O padrão para a conformidade, que consta do artigo 256.º, n.º 3, formulado segundo condições (cumulativas) para a conformidade (os "bens *só são* considerados conformes com o contrato se"), e não como uma presunção de não conformidade, corresponde também ao elenco que consta do artigo 2.º, n.º 2, do Decreto-Lei n.º 67/2003, embora compatibilizado com o Código Civil (pelo que se inclui o "vício que desvalorize" a coisa) e esclarecendo que as declarações públicas sobre o bem e as legítimas expectativas do comprador são critérios que relevam independentemente um do outro[14]. É igualmente relevante, para excluir

---

[12] Esta extensão não parece, porém, poder compreender a empreitada de consumo. Carecerá, por isso de alteração, a não se entender que este contrato deve ser objecto de algumas regras próprias (que, porém, não se encontram no *Anteprojecto*).

[13] V. a decisão restritiva do BGH de 2 de Jun. de 2004 (*NJW*, 2004, pp. 2299--2301), e, criticamente, por ex., S. LORENZ, ob.cit., *NJW*, p. 3020, e ID., *Schuldrechtsmodernisierung*, cit., n.º IV, 2, d), (2).

[14] O que não era claro na Directiva. Cf. Luís MENEZES LEITÃO, "*Caveat venditor*? A Directiva 1999/44/CE do Conselho e do Parlamento Europeu sobre a venda de bens de consumo e garantias associadas e suas implicações no regime jurídico da compra e venda", in ANTÓNIO MENEZES CORDEIRO/LUÍS MENEZES

130   Estudos do Instituto de Direito do Consumo

a existência de um defeito, o facto de o comprador ter sido informado e esclarecido sobre ele antes da celebração do contrato.

Alteração significativa encontra-se no artigo 185.º, sobre a inclusão das mensagens publicitárias de terceiro no contrato. Segundo o actual artigo 7.º, n.º 5, da "Lei de Defesa dos Consumidores", "as informações concretas e objectivas contidas nas mensagens publicitárias de determinado bem, serviço ou direito consideram-se integradas no conteúdo dos contratos que se venham a celebrar após a sua emissão, tendo-se por não escritas as cláusulas contratuais em contrário". Esta norma, não alterada pelo Decreto-Lei n.º 67/2003, vai mais longe do que o artigo 2.º, n.º 4, da Directiva 1999/44/CE, que permite ao vendedor a prova (para quaisquer declarações públicas sobre o bem) de que não tinha conhecimento nem podia razoavelmente ter conhecimento da declaração em causa, de que corrigira a declaração, até ao momento da celebração do contrato, ou de que a decisão de comprar o bem de consumo não poderia ter sido influenciada pela declaração em causa. É esta orientação que é seguida no referido artigo 185.º, limitando-se o campo de aplicação da disposição que manda incluir as disposições publicitárias imperativamente no contrato – imperatividade que, aliás, parecia carecer de uma interpretação restritiva para os contratos relativos a bens usados, quanto às mensagens publicitárias provenientes de terceiros em relação ao vendedor (não se vê porque não poderão em certos casos as partes, num contrato negociado, excluir a relevância de certa informação publicitária, ou, até, a ligação à publicidade feita por terceiro, como um produtor, importador, etc., para um determinado bem ou serviço, como, por exemplo, um bem vendido em segunda mão).

O artigo 258.º dispõe, no n.º 3, que também "se considera que existe falta de conformidade quando, posteriormente à entrega, se verifiquem danos no próprio bem que resultem de um defeito, ou danos que venham a afectar o bem em consequência de má utilização que decorra de uma informação deficiente do consumidor". Tal alargamento do

---

LEITÃO/JANUÁRIO DA COSTA GOMES (orgs.), *Estudos em homenagem ao Prof. Doutor Inocêncio Galvão Telles*, Coimbra, Almedina, 2002, vol.I, pp. 263-303 (281 e s.), e o nosso "Conformidade e garantias…", cit., pp. 240-1, com mais indicações.

O Anteprojecto de Código do Consumidor e a Venda de Bens de Consumo 131

regime do não cumprimento aos casos em que a própria coisa é danificada por um defeito ou por informação deficiente ao consumidor – abrangendo, pois, casos que seriam tratados, segundo o regime geral, como de "cumprimento defeituoso" ou "violação positiva do contrato" – é novo, em relação ao regime do Decreto-Lei n.º 67/2003.

Quanto aos direitos do comprador, o *Anteprojecto* mantém os quatro direitos – à reparação do bem, à sua substituição, à redução equitativa do preço ou à resolução do contrato –, que podem ser exercidos "sem encargos e à escolha do comprador" (artigo 259.º, n.º 1), e acrescenta ainda (diversamente do Decreto-Lei n.º 67/2003) o direito a uma indemnização por danos emergentes independentemente de culpa (cf. os artigos 909., 913.º e 915.º do Código Civil). É claro que, quando existir culpa do vendedor, a indemnização será integral, isto é, incluirá igualmente os lucros cessantes, nos termos gerais. Diversamente do Decreto-Lei n.º 67/2003 – onde se contém, como limitação à escolha do comprador, apenas uma remissão (redundante) para o critério do abuso do direito –, prevê-se, porém, que o vendedor pode obstar à redução do preço (nada se dizendo para a resolução) se reparar ou substituir o bem em prazo razoável. Trata-se de uma solução que já resultará, na maioria dos casos, da aplicação daquele critério do abuso de direito, na medida em que o vício e a reparação ou substituição não tenham reduzido o valor do bem (e ressalvada a indemnização pelos prejuízos que tenham causado ao comprador)[15]. O artigo 259.º, n.º 4, por sua vez, limita-se a esclarecer que, quando o comprador opte primeiro pela reparação ou pela substituição da coisa, quando estas não tiverem tornado o bem conforme ao contrato "mantém a faculdade de exercer, em alternativa, os outros direitos que lhe são conferidos".

Nada se diz no *Anteprojecto*, por outro lado, sobre o problema de saber se quando o bem for reparado ou substituído se verifica um

---

[15] Já o mesmo não poderá dizer-se para a resolução, pois a situação dos interesses parece aqui poder ser diversa. Na redução do preço, o comprador fica com o bem por um menor preço; na resolução devolve-o, e o facto de não querer ficar com o bem pode perfeitamente ser motivado por uma quebra justificável de confiança no bem, parecendo que não deve ser limitada, para além do critério geral do abuso de direito, a possibilidade de resolução (cf., porém, diversamente, o regime geral da impossibilidade parcial, no art. 802.º do Código Civil).

"renascimento" do prazo – tal "renascimento" apenas se encontra previsto, como regime supletivo, para as garantias voluntárias (artigo 277.°, alínea *b)*). Cremos que o problema deverá ser resolvido de acordo com os princípios gerais, pondo-se, designadamente, a questão de saber se é justificada uma analogia com a substituição do "velho pelo novo" – e com a compensação pelo correspondente enriquecimento (embora forçado) –, ou se deve ser tratado apenas ao nível dos pressupostos para a exigência de uma reparação ou substituição, designadamente, por recurso ao critério do abuso de direito[16].

Quanto aos direitos em face do produtor, mantém-se, no artigo 260.°, um regime semelhante ao do artigo 6.° do Decreto-Lei n.° 67/2003[17].

O *Anteprojecto* prevê também, expressamente, no artigo 261.°, que quando, por recusa do produtor, seu representante, ou do vendedor, em reconhecer a existência de uma falta de conformidade, o consumidor tiver de a recorrer a uma peritagem técnica, será reembolsado do custo razoável da peritagem se obtiver ganho de causa no âmbito de uma acção judicial ou de um procedimento extrajudicial existente para a resolução de conflitos de consumo. Tal previsão específica sobre os custos de peritagem já resultaria provavelmente dos princípios gerais, mas a sua autonomização visa igualmente, de forma inovadora, tornar claros os direitos do comprador.

Quanto aos prazos, elimina-se a desconformidade com a Directiva, que já referimos, resultante de o Decreto-Lei n.° 67/2003 prever um prazo de seis meses para o exercício dos direitos (artigo 263.°). Por outro lado, é certo que se mantém como prazo de garantia para os

---

[16] V., por ex., S. LORENZ, *Schuldrechtsmodernisierung*, cit., n.° IV, 2, b), (5), BEATE GSELL, "Nutzungsentschädigung bei kaufrechtlicher Nacherfüllung?", *NJW*, 2003, pp. 1969-75, ATTILA FENYVES, "Vorteilsausgleichung im Gewährleistungsrecht?", JBl, 121, 1999, pp. 2-12 (contra a aplicação das regras da substituição do "velho pelo novo").

[17] A disposição do n.° 2 do artigo 260.° (segundo a qual, em "caso de recusa do produtor ou se a reparação ou a substituição do bem não conduzirem à sua conformidade ao contrato, o consumidor pode exercer, contra o produtor, os outros direitos que lhe são conferidos contra o vendedor") visa sancionar o produtor que recuse a reparação ou substituição. Mas admite-se que, perante complexos problemas que levanta, deva talvez ser eliminada.

O Anteprojecto de Código do Consumidor e a Venda de Bens de Consumo   133

imóveis o de cinco anos (recorde-se, aliás, que era, até 1994, apenas de seis meses, embora tal brevidade fosse criticada). Mas prevê-se que, em caso de dolo ou culpa do vendedor, por conhecer ou dever conhecer a falta de conformidade, os prazos são alargados até à prescrição ordinária – o que é um alargamento importante (e até, para os casos de mera culpa, susceptível porventura de levantar algumas dúvidas).

Prevê-se, ainda, expressamente, a transmissão dos direitos do comprador, sem necessidade de declaração adrede, a toda e qualquer pessoa a quem o bem seja posteriormente transmitido, a título gratuito ou oneroso (artigo 264.º), numa solução que actualmente só estava prevista expressamente na lei para os direitos resultantes de garantias voluntárias (artigo 9.º, n.º 4, do Decreto-Lei n.º 67/2003).

O regime do direito de regresso do vendedor final de bens de consumo mantém-se nos termos em que está consagrado actualmente, nos artigos 7.º e 8.º do Decreto-Lei n.º 67/2003.

Por último[18], o regime das garantias voluntárias (também dita "garantia comercial"), adicionais aos direitos do comprador resultantes da lei, é igualmente alargado (artigos 270.ºe segs.). Designadamente, prevê-se de modo expresso que, pelo seu conteúdo, a garantia tem de colocar o destinatário em posição mais favorável do que a que resulta da lei. Introduz-se igualmente, como inovação, uma presunção inilidível de que a utilização do termo "garantia", ou de expressão análoga, tem o significado de uma promessa juridicamente vinculante de, a título gratuito, substituir ou reparar o bem em causa, após o seu fornecimento, no caso de vir a apresentar defeitos de funcionamento ou alteração de qualidades. A responsabilidade pela garantia é alargada solidariamente, além do garante, ao vendedor e membros da cadeia de distribuição, e proíbem-se garantias que façam depender a validade ou a execução da garantia de procedimentos desrazoáveis ou excessivamente onerosos. Esclarece-se ainda que o comprador tem o direito de consultar o documento de garantia antes da conclusão do contrato, e que as declarações publicitárias prevalecem sobre ele, salvo se o

---

[18] E deixando de lado o regime – novo – que se prevê para a mora do vendedor na entrega dos bens, fixando um prazo supletivo de entrega e prevendo a possibilidade de resolução imediata, independentemente da conversão da mora em não cumprimento com uma interpelação admonitória do vendedor.

documento de garantia for mais favorável (pelo que este não poderá ser invocado como bastante para a correcção das declarações publicitárias, para efeitos do referido artigo 185.º). E todo o regime das garantias voluntárias é garantido por um regime supletivo, que será aplicável se não for afastado por um documento com os requisitos exigidos.

A PUBLICIDADE NO ANTEPROJECTO DO CÓDIGO DO CONSUMIDOR

ADELAIDE MENEZES LEITÃO*

SUMÁRIO

I. Breve apreciação na generalidade; **II.** Apreciação na especialidade: a disciplina publicitária; **III.** Crítica e soluções alternativas

Foi-nos solicitado pelo Instituto de Direito do Consumo da Faculdade de Direito da Universidade de Lisboa uma breve apreciação sobre a disciplina da publicidade no anteprojecto do Código do Consumidor. Estruturámos a nossa conferência em três partes distintas: 1) breve apreciação na generalidade do anteprojecto, 2) apreciação na especialidade da disciplina publicitária e 3) crítica e soluções alternativas.

I. Breve apreciação na generalidade

Antes de mais congratulamo-nos com a existência de uma codificação do material legislativo disperso que, actualmente, regula a vasta

---

* Assistente da Faculdade da Universidade de Lisboa.

área jurídica do direito do consumidor, codificação que sempre defendemos ser essencial face à prolixidade legislativa e total desarticulação dos diplomas que regulam estas matérias. Por esta razão, felicitamos a Comissão por este trabalho hercúleo.

Na sua Apresentação, o Anteprojecto do Código do Consumidor oferece-se à *discussão pública como um trabalho não definitivo ainda em fase de não poder ser aprovado imediatamente, mas antes como ponto de partida para uma reflexão alargada, responsável e participada.* Dito isto, é no contexto de uma ampla reflexão, que possa contribuir para o aprimoramento deste texto legislativo, que iremos focar a atenção em alguns apontamentos de apreciação de carácter geral, que não podem deixar de ser tecidos em relação a este anteprojecto, a saber:

1.º Como se refere na Apresentação, o âmbito material deste anteprojecto é mais extenso do que a área do direito do consumo, na medida em que abrange normas que se aplicam a situações jurídicas profissionais (cfr. art.º 13.º do anteprojecto) e outras, aspecto que é reconhecido pelos seus autores. É verdade que a situação actual dos diplomas que estão na sua base também comporta amiúde esta extensão. No entanto, seria talvez altura de aproveitar a "oportunidade codificadora" para separar as matérias respeitantes ao consumidor e apresentar um Código mais reduzido. Reconhecemos, no entanto, que essa alternativa seria sempre difícil de concretizar.

Outra crítica que, neste contexto, nos parece de subscrever consiste no facto de se inserirem neste diploma normas sobre profissionais, quando o título adoptado é *Código do Consumidor.* Esta questão não é *de lana caprina* ou de mero gosto, mas um problema de legística a resolver[1]. Assim, pensamos que seria preferível adoptar o título "Código do Consumo" (à semelhança do defendido pelo Prof. Doutor Pedro Romano Martinez), solução que teria o mérito de sublinhar uma dimensão mais objectivista e colectiva da tutela do consumo enquanto bem jurídico-público;

---

[1] David Duarte, Alexandre Sousa Pinheiro, Miguel Lopes Romão, Tiago Duarte, *Legística – Perspectivas sobre a concepção e redacção de actos normativos,* Almedina, Coimbra, 2002, 200 e ss.

2.º Regista-se neste anteprojecto uma escassa construção de disposições gerais, que funcionem como sínteses normativas dos diferentes diplomas, pelo que a ausência de uma sistematização e integração mais aprofundadas aproxima em algumas áreas (sublinhe-se em algumas áreas), porventura este texto mais de uma colectânea de legislação do que de um verdadeiro código, dada a justaposição de diplomas vigentes que, na maioria das vezes, se limita a operar. Não vamos, porém, contra a posição dominante que defende que houve uma tentativa de codificação e de que foi feito um esforço de uniformização jurídica, designadamente na adopção de um conceito único de consumidor (como bem salientou o Prof. Doutor Pinto Monteiro);

3.º Ao abranger a regulamentação orgânica, desenhando as estruturas do Sistema Português de Defesa do Consumidor (SPDC), o anteprojecto confere rigidez a organismos que se pretendem unidades flexíveis, susceptíveis de alguma reformulação, consoante a evolução das necessidades (cfr. arts. 2.º, 3.º e 654.º sgs.);

4.º Na parte geral da regulação do SPDC repetem-se, com significativa redundância legislativa, matérias já abrangidas no Código de Procedimento Administrativo e que respeitam a princípios da actividade administrativa (art. 654.º);

5.º A orgânica do SPDC é excessiva e encontra-se (já) em manifesta contradição com o Programa de Reestruturação da Administração Central do Estado (PRACE) (por exemplo, no quadro das macro-estruturas do Ministério da Economia e Inovação, o Instituto do Consumidor passa a Direcção-Geral do Consumidor, funcionando junto desta Direcção-Geral o Conselho Nacional de Consumidor e a Comissão de Segurança de Serviços e Bens de Consumo, não se prevendo a criação de mais uma Entidade Reguladora das Comunicações Comerciais (ERCC) (cfr. art. 122.º do anteprojecto))[2].

---

[2] De referir que em matéria de segurança se prevê a intervenção da Autoridade de Segurança Alimentar e Económica (art. 62.º), a Entidade Reguladora da Saúde (art. 63.º) e o Instituto Nacional da Farmácia e do Medicamento (art. 64.º).

138   *Estudos do Instituto de Direito do Consumo*

Um outro ponto que neste domínio, pode ser discutido, refere-se ao facto de estas estruturas se deverem "situar" no Ministério da Economia e Inovação. A matéria da defesa do consumidor esteve no Ministério do Ambiente, "saltou" para a Presidência do Conselho de Ministros e agora é colocada no Ministério da Economia e Inovação. Note-se que estamos perante matéria de competência exclusiva do Governo – a da sua organização interna. Acresce que qualquer opção nesta área é uma marca da maior ou menor importância que é dada por cada Executivo à política de defesa do consumidor. Nesta perspectiva, teria sido preferível que as estruturas e as competências continuassem na dependência da Presidência do Conselho de Ministros, solução que atende também ao carácter transversal desta política.

6.º Como refere o Prof. Doutor Menezes Cordeiro, a codificação *é produto de um estado de maturidade do trabalho científico-jurídico, postulando um desenvolvimento intensivo e extensivo do sistema externo com reduções dogmáticas e sínteses normativas, que reformulam os institutos jurídicos de forma a criar novos modelos de solução de casos concretos.* De forma idêntica, *ao nível da linguagem a codificação pressupõe alterações substanciais passando-se de descrições empíricas para conceitos mais abstractos*[3]. Nesta linha, pensamos que o anteprojecto em apreciação poderia reflectir um nível mais elevado de síntese normativa e de abstracção conceptual. Esta situação resulta, porventura, de alguns factores que respeitam à evolução da legislação nacional de consumo e que se passam a elencar, designadamente:

a) Trata-se de um direito com um fraco caudal jurisprudencial que não potenciou uma significativa orientação para a resolução de situações concretas e uma maior elaboração doutrinária.

b) A origem comunitária/europeia foi aumentando os níveis de assistematicidade deste direito, na medida em que o legislador nacional, durante duas décadas, se limitou a uma mera tradução quase literal das directrizes comunitárias, de regulamenta-

---

[3] Menezes Cordeiro, *Tratado de Direito Civil*, I Parte Geral, Tomo I, 2.ª ed, 2000, 67.

A Publicidade no Anteprojecto do Código do Consumidor

ção parcelar, sem o trabalho de aprimoramento sistemático que lhe incumbiria. (Como bem referiu o Prof. Doutor Menezes Cordeiro, poder-se-ia ter seguido um caminho diferente, com maior integração das directrizes comunitárias).

c) Está-se perante um direito instável, sujeito a alterações conjunturais, em resultado das evoluções tecnológicas da sociedade. (De referir, por exemplo, a este propósito, as alterações que a globalização da Internet promoveu em relação à tutela do consumidor[4] ou o incremento do risco e dos problemas de segurança nas relações de consumo que a "sociedade de risco" potencia[5]).

d) Por fim, o direito do consumidor surge, na sua matriz, como um direito especial que se autonomiza do direito civil comum. No entanto, a "consumerização" das sociedades modernas transforma-o num direito geral e imperativo das situações jurídicas do consumo, deixando ao Código Civil uma aplicação residual (como hoje também já foi referido). Ora, o facto dos ordenamentos jurídicos postularem sucessivas articulações num quadro de múltiplas conexões normativas implica níveis de complexidade acrescida e, consequentemente, de insegurança na aplicação do direito. Este tipo de argumentação justificaria a solução de integração desta matéria no Código Civil, à semelhança da opção do legislador alemão. Porém, o realismo dos que conhecem o procedimento legislativo leva a considerar que, neste momento, só um "Código do Consumo" surge como solução possível.

Em resultado da evolução descrita, a legislação de consumo reveste-se de um carácter marcadamente assistemático, transversal e descritivo. Tudo isto dificulta o labor de uma codificação. Neste qua-

---

4 Nosso *Publicidade na Internet*, Direito da Sociedade da Informação, V, Coimbra Editora, 2004, 285 e ss.

5 João Loureiro, *Da sociedade Técnica à Sociedade do Risco*, Estudos em Homenagem ao Professor Doutor Rogério Soares, Coimbra Editora, 2001 e o nosso *Tutela do Consumo e Procedimento Administrativo*, Estudos do Instituto do Direito do Consumo – vol. II, Almedina, Coimbra, 2005, 120.

dro, o anteprojecto, na sua versão actual, não representa uma reformulação substancial da maioria dos diplomas em vigor – e, saliente-se, nem tal teria de ocorrer – e, sob este ponto de vista, a sua autoqualificação, na Apresentação, como um Código pós-moderno, virado para uma maior eficácia na aplicação do direito, numa lógica em que a parte se sobrepõe ao todo, parece completamente apropriada.

II. **Apreciação na especialidade: a disciplina publicitária**

No que concerne ao específico universo da disciplina publicitária, assiste-se no anteprojecto à ausência de novidades significativas, evidenciando-se um lastro de permanência em relação ao quadro normativo vigente.

Com efeito, não se aproveitou a "oportunidade codificadora" quer para simplificar, quer para articular, campos normativos que se interseccionam na disciplina publicitária. Acresce que o anteprojecto não vem resolver algumas dúvidas interpretativas, que permanecem.

Uma análise comparativa entre o Código da Publicidade vigente[6] e a disciplina jurídica publicitária contida no anteprojecto, evidencia-nos reduzidas alterações nesta matéria. (Como referiu o Senhor Secretário de Estado do Comércio, Serviços e Defesa do Consumidor, a publicidade constitui uma área que carecia de uma mais ampla reformulação legislativa). Vamos, por isso, limitarmo-nos a referir as novidades pontuais que o anteprojecto comporta:

---

[6] O Código da Publicidade (CP) corresponde actualmente ao Decreto-Lei n.º 330/90, de 23 de Outubro, com as alterações introduzidas pelos Decretos-Lei nº 74/93, de 10 de Março, n.º 6/95, de 17 de Janeiro, n.º 61/97, de 25 de Março, n.º 275/98, de 9 de Setembro, n.º 51/2001, de 15 de Fevereiro, n.º 332/2001, de 24 de Dezembro, n.º 81/2002, de 4 de Abril, e n.º 224/2004, de 4 de Dezembro, e pelas Leis n.º 31-A/98, de 14 de Julho, e n.º 32/2003, de 22 de Agosto. Este conjunto de 10 alterações legislativas, em matérias pontuais, evidencia que o núcleo desta disciplina se encontra consolidado desde o diploma inicial, ainda que a realidade publicitária, em especial no domínio dos suportes publicitários tenha sofrido alterações não despiciendas. Todavia, as mudanças que os novos meios tecnológicos e a globalização publicitária representam foram sendo facilmente enquadráveis na disciplina publicitária vigente. Cfr. *Publicidade na Internet cit*, 302.

1.º O artigo 40.º do anteprojecto vem regular a publicidade com preços, impondo que o preço seja expresso em euros e inclua taxas e impostos. Esta disposição não tem paralelo no Código da Publicidade (CP) vigente. No entanto, o princípio da veracidade e a proibição de publicidade enganosa já implicaria esta obrigatoriedade no caso da mensagem publicitária fazer de referência ao preço.

2.º O artigo 44.º do anteprojecto vem regular os testes comparativos, limitando-se a uma remissão para a publicidade comparativa. Trata-se de uma norma remissiva cuja utilidade pode eventualmente ser discutida.

3.º O núcleo da disciplina publicitária correspondente ao CP encontra-se nos artigos 84.º a 128.º do anteprojecto, sendo de salientar que são quase integralmente transcritas as regras em vigor.

4.º Há, contudo, uma alteração importante. Sob a epígrafe "Publicidade enganosa" surge-nos uma norma remissiva para as normas sobre práticas comerciais enganosas (o art. 95.º remete para o art. 132.º). O critério da Directiva-quadro sobre práticas comerciais desleais (Directiva 2005/29/CE, de 11 de Maio) assenta na distorção de forma substancial do comportamento económico dos consumidores, ainda que algumas práticas sejam consideradas de *per se* proibidas porque enganosas.

A Directiva referida revoga a Directiva sobre publicidade enganosa em matéria de relações com os consumidores. O conceito de práticas comerciais enganosas é mais abrangente do que o de publicidade enganosa, na medida em que inclui outros comportamentos do período de pós-venda e outras formas de publicidade. Atendendo a que as directivas estabelecem, na maioria das vezes, patamares mínimos de protecção, que podem ser aumentados pelos legisladores nacionais, cumpriria não cingir a publicidade enganosa à susceptibilidade de causar engano ou distorção substancial no comportamento económico do consumidor, incluindo também o critério do prejuízo do concorrente, à semelhança do que se verifica presentemente no artigo 11.º do CP (cfr. arts. 132 e 133.º do anteprojecto).

142   *Estudos do Instituto de Direito do Consumo*

Com efeito, de acordo com o actual CP, é proibida toda a publicidade que, por qualquer forma, incluindo a sua apresentação, e devido ao seu carácter enganador, induza ou seja susceptível de induzir em erro os seus destinatários ou possa prejudicar um concorrente. É patente nesta disposição, para além da protecção do consumidor, uma tutela, em termos reflexos, concedida aos concorrentes, que desaparecerá caso o anteprojecto, na versão em que se encontra, venha a ser aprovado.

5.º Como novidades surgem ainda outras disposições, designadamente a remissão da publicidade do Estado para legislação especial (art. 89.º), a menção de efeitos benéficos (art. 98.º), a publicidade em estabelecimentos de ensino ou destinada a menores (art. 105.º), a publicidade por telefone, telecópia e correio electrónico (art. 114.º), determinando-se que só é permitida quando o destinatário a autorize antes do estabelecimento da comunicação. Acrescenta-se, por outro lado, no regime do patrocínio, uma referência ao "product placement". Trata-se de uma técnica publicitária em que as empresas pagam um montante para o seu produto surgir em lugar de destaque num filme, numa série televisiva ou num jogo televisionado. A inclusão desta prática no regime do patrocínio não é a mais adequada, na medida em que deve ser enquadrada no domínio do princípio da identificação das mensagens publicitárias e da proibição de publicidade oculta, permitindo-se, pela sua inclusão no regime do patrocínio, uma maior abertura a este tipo de prática.

6.º Existem ainda pequenas alterações em matéria do princípio da licitude (cfr. art. 7.º C.P. e art. 91.º do anteprojecto)[7], a saber:

a) a autonomização da proibição da utilização dos símbolos nacionais previstos no artigo 11.º da Constituição; (pensamos que a alteração desta norma se deveu à utilização pela PT de um *jingle,* em versão lenta, do hino nacional, tendo sido dis-

---

[7] Os valores que se desenvolvem no princípio da licitude das mensagens publicitárias ultrapassam a defesa do consumidor. Trata-se, com efeito, de valores ligados à nacionalidade, à dignidade das pessoas e à tutela de direitos de personalidade.

A Publicidade no Anteprojecto do Código do Consumidor 143

cutido, na altura, a falta de base normativa para considerar ilícita essa utilização);

b) as novas proibições em matéria de discriminação (língua, território de origem e religião);

c) a nova proibição de publicidade com conteúdo sindical, político e religioso;

d) a proibição da apresentação da imagem da mulher ou do homem em termos vexatórios (o que pensamos que nada acrescenta à anterior fórmula "que atente contra a dignidade humana" (n.º 3 do art. 91.º CP)). (A título de exemplo, de referir, o anúncio em que um marido, três dias depois do casamento, devolve a mulher ao pai, mensagem que já deu origem a críticas da Comissão para a Igualdade e os Direitos da Mulher);

e) o desaparecimento da utilização excepcional de língua estrangeira, quando necessária à obtenção do efeito visado na publicidade (n.º 4 do artigo 7.º do CP)[8]. Todos os advogados com prática na área da publicidade sabem a importância desta regra, pois, desde a sua inclusão, levou a sucessivas absolvições num largo número de processos contra-ordenacionais. Numa economia globalizada, como a europeia, com marcas e campanhas publicitárias que surgem em simultâneo em todo o espaço europeu, impor uma tradução dos suportes publicitários para a língua portuguesa implica um custo económico não desprezível para as empresas.

A permissão da utilização de idiomas de outros países na mensagem publicitária, apenas quando esta tenha os estrangeiros por destinatários exclusivos ou principais pode ser vista como uma disposição de protecção do consumidor nacional (pelo menos dos que desconhecem línguas estrangeiras). No entanto, numa altura em que o

---

[8] Esta disposição introduzida pelo Decreto-Lei n.º 275/98, de 9 de Setembro, veio segundo Menezes Cordeiro, *Tratado cit*, 477, sem qualquer mérito (sequer publicitário) destruir a protecção da língua portuguesa e a sua criatividade. O mérito da crítica não afasta contudo o peso financeiro da solução novamente reposta no anteprojecto.

governo torna obrigatório o ensino de língua inglesa no 1.º ciclo do ensino básico e o Plano Nacional da Leitura é por tantos criticado, parece-nos um ónus pesado que sejam os anunciantes e as agências publicitárias a suportar o que as famílias e o sistema de ensino declinam. Assim, ainda que possa ser vista como uma protecção da língua portuguesa, na realidade esta disposição vai permitir ao Estado a arrecadação de receita em processos contra-ordenacionais – que se antevê – venham significativamente a aumentar.

Entre as dúvidas interpretativas que permanecem por resolver, salienta-se a não distinção entre informação e publicidade, na medida em que a referência ao objectivo directo ou indirecto de promoção comercial deixa pouco espaço para mensagens meramente informativas (cfr. art. 3.º do CP e art. 86.º do anteprojecto). Trata-se de uma questão estrutural em matéria de publicidade de advogados e de outros profissionais liberais[9].

III. Crítica e soluções alternativas

Atendendo aos aspectos atrás referenciados, consideramos que, não obstante na matéria da disciplina publicitária o anteprojecto não dever ser objecto de grandes críticas que atinjam o cerne das opções legislativas, cumpre salientar alguns pontos que pensamos poderem ser aperfeiçoados, a saber:

1.º A relação entre o direito de informação do consumidor e a publicidade, designadamente no que se refere à possibilidade de a publicidade necessitar de ser complementada com informação adicional. Confronte-se a este propósito o artigo 25.º (n.os 1 e 2) do anteprojecto que prevê que as informações são prestadas por escrito quando a sua natureza ou as circunstâncias do caso o justifiquem, bem como quando o consumidor o solicite e tal se afigure razoável, e que o dever

---

[9] Adelaide Menezes Leitão, Maria Antonieta Gálvez Krüger, Miguel Ventura, *Informação e Publicidade na Advocacia – Contributos*, Conselho Distrital de Lisboa, 12-13.

A Publicidade no Anteprojecto do Código do Consumidor 145

de prestar oralmente informações não é afastado pela utilização de outras formas de comunicação.

2.º A relação entre a publicidade e a concorrência, na estrita medida em que a publicidade[10], para além de ser uma área indiscutível da defesa do consumidor, consubstancia igualmente uma forma de modelar a concorrência, comportando aspectos que se relacionam com a liberdade de concorrência e com a concorrência desleal.

3.º A relação entre publicidade e as práticas comerciais desleais, que deveria ser regulada de uma forma mais imbricada e com maior integração, na medida em que se registam vários campos de intersecção destas matérias jurídicas.

4.º A relação entre a tutela do consumo e o sistema orgânico dessa protecção, que se desenha no Sistema Português de Defesa do Consumidor (SPDC), que não deveria ter sido incluído no Código do Consumidor, porquanto as estruturas administrativas estão em constante reforma, o que pode implicar sucessivas alterações[11]. Acresce que, as estruturas administrativas deste sistema representam uma assunção de despesa, o que pode conduzir a que o Ministério das Finanças, atendendo ao voto de qualidade no procedimento legislativo, que lhe é concedido pelo Regimento do Conselho de Ministros, se seguir uma linha de alguma continuidade, possa vir a rejeitar a sua inclusão.

---

[10] Os nossos *A Concorrência Desleal e o Direito da Publicidade – Um estudo sobre o ilícito publicitário*, Concorrência Desleal, Almedina, Coimbra, 1997, 137 e ss e *Publicidade Comparativa e Concorrência Desleal*, Direito Industrial, IV, Almedina, Coimbra, 2005, 241 e ss.

[11] Solução alternativa é aprovar, por Resolução de Conselho de Ministros, um Plano com vista à instituição do SPDC, à caracterização dos organismos públicos já existentes que o devam integrar, à concretização das respectivas competências, à sua articulação (Administração central, local e regional, designadamente em áreas de sobreposição de competências, e entre organismos públicos e outras entidades, *v.g.* associações de consumidores, centros de informação autárquicos ao consumidor e centros de arbitragem de conflitos de consumo) e à formulação das soluções governamentais no tempo que venham permitir a sua operacionalização.

De referir, ainda, que a opção por um modelo de Direcção-Geral do Consumidor, sujeita a poderes de direcção ministerial (ou do Secretário de Estado se for delegada), em detrimento do modelo de Instituto do Consumidor, sujeito a meros poderes de superintendência e tutela (que o PRACE actualmente propõe), vai diminuir a autonomia na execução da política de defesa do consumidor e, certamente, burocratizá--la, ainda que demonstre uma vontade de um controlo governamental mais apertado desta política.

Por outro lado, a criação da ERCC – mais uma entidade reguladora independente – não nos parece ser essencial. Numa altura em que todas as semanas se anunciam novas entidades independentes sectoriais, impõe-se parar para pensar sobre este modelo de regulação e sobre a sua independência. Em nosso entender, deve ser a Autoridade da Concorrência e as entidades sectoriais já existentes (Banco de Portugal, ICP-Anacom, Comissão de Mercado de Valores Mobiliários, Entidade Reguladora do Sector Energético e outras) a desenvolver competências reguladoras, de supervisão e fiscalização em matéria publicitária em termos gerais ou especiais, sob pena de se estarem a duplicar organismos e competências na Administração Pública.

Por fim, gostaríamos de referir que, não obstante as críticas que se deixaram expostas, as vantagens de um "Código do Consumidor" são imensas, representando um passo qualitativamente superior em relação à situação vigente, pelo que só podemos aplaudir esta iniciativa legislativa, pela qual, mais uma vez, felicitamos a Comissão.

8 de Junho de 2006

PRÁTICAS COMERCIAIS PROIBIDAS

ELSA DIAS OLIVEIRA[1]

Introdução

Nesta exposição, respeitando o tema que nos foi proposto tratar, vamos focar a nossa atenção no regime previsto no Anteprojecto do Código do Consumidor relativo às práticas comerciais proibidas, matéria que se encontra regulada no Título II, referente aos direitos dos consumidores, Capítulo IV "Dos interesses económicos", na Secção III "Práticas comerciais proibidas", nos seus arts. 123.º a 164.º. Matéria próxima desta, a das práticas comerciais condicionadas, vem regulada na Secção seguinte, nos arts. 165.º a 181.º.

Estas disposições reflectem, essencialmente, o regime já vigente em diplomas que estão actualmente em vigor no ordenamento jurídico português e também a preocupação em transpor para o Direito interno a Directiva 2005/29/CE do Parlamento Europeu e do Conselho, de 11 de Maio de 2005, também conhecida por "Directiva relativa às práticas comerciais desleais"[2].

---

[1] O presente texto foi elaborado pela autora a partir de exposição oral que apresentou sobre "Práticas comerciais proibidas" na conferência subordinada ao tema "Anteprojecto do Código do Consumidor", realizada no dia 8 de Junho de 2006, na Faculdade de Direito de Lisboa, coordenada pelo Professor Doutor Luís de Menezes Leitão e organizada pelo Instituto de Direito do Consumo.

[2] Publicada no JOCE N.º L 149, de 11.6.2005.

1. Disposições Gerais

I. A supra referida Secção III, que trata das práticas comerciais proibidas, começa, na Subsecção I, sob a epígrafe de "Disposições gerais", por regular as matérias relativas a práticas restritivas do comércio.

O art. 123.º do Anteprojecto do Código do Consumidor vem proibir a recusa de venda ou de prestação de serviços correntemente oferecidos ao público, assim como o acesso ao estabelecimento comercial durante os horários normais de abertura, salvo motivo justificado.

O que possa ser entendido como "motivo justificado" e qual a elasticidade desta noção será uma questão que a nossa jurisprudência irá delimitar na sequência dos casos que forem surgindo. Compreende-se que possa ser vedada a entrada num estabelecimento a uma pessoa que esteja alterada por ter ingerido bebidas alcoólicas, mas poderá ser ainda entendido como motivo justificado o facto de uma pessoa ter as suas roupas sujas e rasgadas?

II. A matéria relativa às vendas efectuadas por entidades cuja actividade seja distinta da comercial, tratada no art. 124.º do Ante-projecto do Código do Consumidor, vem actualmente regulada, com a mesma redacção, no art. 26.º do Dec.-Lei n.º 143/2001, de 26 de Abril[3] e o regime é mantido: é proibida tal venda, excepto nos casos previstos no n.º 2 do art. 124.º, *v.g.*, situações em que os produtos vendidos por tais entidades se reportem a bens de produção própria.

III. Já as vendas com prejuízo, vêm tratadas, no Anteprojecto do Código do Consumidor, no art. 125.º, aí se determinando que é proibido oferecer para venda ou vender um bem por um preço inferior ao seu preço de compra efectivo.

---

[3] Sobre esta prática, cfr. Luís Manuel Teles de Menezes Leitão, "A protecção do consumidor contra as práticas comerciais desleais e agressivas", *O Direito*, Anos 134.º-135.º, 2002-2003, págs. 69-85, págs. 79-80.

Práticas Comerciais Proibidas

Actualmente, as vendas com prejuízo estão reguladas no art. 3.º do Dec.-Lei n.º 370/93, de 29 de Outubro, alterado pelo Dec.-Lei n.º 140/98, de 16 de Maio[4].

No Anteprojecto do Código do Consumidor esta disposição, art. 3.º do Dec.-Lei n.º 370/93, foi dividida em três artigos – arts. 125.º a 127.º –, todavia, a redacção, com alguns pequenos pormenores, é a mesma. Saliento apenas que o art. 126.º, al. f), do Anteprojecto do Código do Consumidor, estará incompleto já que, comparado com o art. 3.º, n.º 4, al. c) do Dec.-Lei n.º 370/93, se verifica que, enquanto aquele faz referência "[a]os bens cujo reaprovisionamento se efectue a preço inferior, sendo então o preço efectivo de compra", este, em que o legislador se inspirou, se refere a "[b]ens cujo reaprovisionamento se efectue a preço inferior, sendo então o preço efectivo de compra substituído pelo preço resultante da nova factura de compra".

IV. Ainda no que respeita às "Disposições gerais" aplicáveis às práticas comerciais proibidas, verifica-se uma inovação em relação à legislação ainda em vigor, reside ela no facto de a autoridade competente para a fiscalização do cumprimento destas disposições, que é actualmente a Inspecção-Geral das Actividades Económicas[5], passar a ser a Autoridade de Segurança Alimentar e Económica, conforme determina o art. 128.º do Anteprojecto do Código do Consumidor.

2. Práticas comerciais desleais

I. Passamos agora a analisar as disposições que tratam a matéria das práticas comerciais desleais.

Em primeiro lugar, importa sublinhar que o legislador interno tinha aqui a tarefa de transpor para o Direito interno a Directiva Comunitária relativa às práticas comerciais desleais e, de facto, parece-nos

---

[4] Acerca destas vendas, cfr. JOSÉ DE OLIVEIRA ASCENSÃO, *Concorrência Desleal*, Almedina, 2002, págs. 619 ss; LUÍS MANUEL TELES DE MENEZES LEITÃO, "A protecção do consumidor...", cit., págs. 84-85.

[5] Art. 31.º do Dec.-Lei n.º 143/2001 e art. 6.º do Dec.-Lei n.º 370/93.

150   *Estudos do Instituto de Direito do Consumo*

que o legislador seguiu muito de perto o que vem previsto na referida Directiva.

Cumpre todavia salientar, conforme adiante melhor se desenvolverá, que, em grande medida, as disposições que vêm previstas na Directiva não são exactamente uma novidade no ordenamento jurídico português. De facto, regulado em sede de Código da Publicidade[6] ou da própria Lei de Defesa do Consumidor[7] ou do Dec.-Lei 143/2001, já estavam previstas na lei portuguesa várias medidas que visavam impedir o recurso a práticas comerciais desleais e punir quem o fizesse.

II. Conforme se retira do art. 1.º da Directiva relativa às práticas comerciais desleais, o legislador pretendeu, com a adopção deste diploma comunitário contribuir para o funcionamento correcto do mercado interno e alcançar um elevado nível de defesa dos consumidores. E, com vista a alcançar este objectivo, determinou-se que as práticas comerciais desleais são proibidas, conforme se prevê no seu art. 5.º, n.º 1, da referida Directiva e no art. 131.º do Anteprojecto do Código do Consumidor.

III. A pergunta que se impõe será então a de saber quais as práticas comerciais que são consideradas desleais[8].

De acordo com o art. 129.º, n.º 1, do Anteprojecto do Código do Consumidor, "[u]ma prática comercial[9] é considerada desleal se preencher, cumulativamente, os requisitos seguintes:

---

[6] Dec.-Lei n.º 275/98, de 9 de Setembro.

[7] Lei n.º 24/96, de 31 de Janeiro.

[8] JORGE PEGADO LIZ, «A "lealdade" no comércio...», cit., pág. 78, critica a orientação seguida pelo legislador comunitário ao «(...) partir de uma caracterização de práticas desleais (...)», ao invés de «(...) definir o que seja a *lealdade no comércio*"».

[9] Determina o art. 130.º, al. a), do Anteprojecto, que se entende por "prática comercial" "qualquer comportamento de um profissional, em relação directa com a promoção, a venda ou o fornecimento de um bem ou serviço ao consumidor, seja ele uma acção, uma omissão, uma afirmação ou uma qualquer forma de comunicação comercial, incluindo a publicidade e o marketing, independentemente de ocorrer antes, durante ou depois da transacção comercial". Em sentido convergente, cfr. art. 2.º, al. d), da Directiva.

Práticas Comerciais Proibidas   151

a) Ser contrária aos ditames da diligência profissional;
b) Distorcer ou ser susceptível de distorcer de maneira substancial, em relação a um bem ou a um serviço, o comportamento económico do consumidor médio, ou do membro médio do grupo determinado de consumidores a que se destine ou afecte"[10].

Da definição de prática comercial desleal decorre que poderemos recorrer a duas ideias principais para determinar quais as práticas comerciais que podem ser consideradas desleais, são elas: a) serem contrárias às exigências relativas à diligência profissional e b) distorcerem, ou serem susceptíveis de distorcer, substancialmente, o comportamento económico do consumidor médio.

No que respeita à contrariedade às exigências relativas à diligência profissional, verificamos que este elemento está, naturalmente, associado ao fornecedor ou prestador de serviços, e é avaliado em função do padrão de competência especializada e de cuidado que se pode razoavelmente esperar do profissional em relação ao consumidor, tendo em consideração os usos honestos praticados no âmbito da respectiva actividade e o princípio da boa fé, assim o determina o art. 129.º, n.º 2, do Anteprojecto do Código do Consumidor. Em sentido semelhante, no art. 2.º, al. h), da Directiva relativa às práticas comerciais desleais, a "diligência profissional" vem definida como "o padrão de competência especializada e de cuidado que se pode razoavelmente esperar de um profissional em relação aos consumidores, avaliado de acordo com a prática de mercado honesta e/ou o princípio da boa fé no âmbito da actividade profissional".

---

[10] À luz do art. 5.º, n.º 2, da Directiva, "[u]ma prática comercial é desleal se:
a) For contrária às exigências relativas à diligência profissional;

e

b) Distorcer ou for susceptível de distorcer de maneira substancial o comportamento económico, em relação a um produto, do consumidor médio a que se destina ou que afecta, ou do membro médio de um grupo quando a prática comercial for destinada a um determinado grupo de consumidores".

A referência aos "usos honestos praticados no âmbito da respectiva actividade"[11] ou "à prática de mercado honesta e/ou o princípio da boa fé no âmbito da actividade profissional"[12] – entendendo-se aqui que a referência ao "âmbito da actividade profissional" abrange quer "a prática de mercado honesta" quer o "princípio da boa fé" – remete-nos para a específica actividade que seja desenvolvida pelo fornecedor ou prestador de serviços, devendo ser nesse âmbito que se devem determinar quais os usos que são praticados e quais são considerados honestos. O que significará que a determinação desses usos ou, pelo menos uma fracção desses usos, pode variar conforme a actividade que seja desenvolvida.

A expressão "usos honestos" ou a "prática de mercado honesta" faz-nos atender às práticas habitualmente desenvolvidas pelos fornecedores, dentro do seu âmbito de actividade, e que são aceites entre os seus pares e na ordem jurídica, social e económica. Neste sentido, um elemento importante na concretização de quais sejam os "usos honestos" serão os códigos de conduta[13] que, apesar de não terem força obrigatória – no sentido de a sua observância depender de as partes se terem comprometido ao seu cumprimento –, reflectem, nas suas regras, as práticas leais de comercialização[14-15]. O facto de existirem códigos

---

[11] Art. 129.º, n.º 2, do Anteprojecto do Código do Consumidor.

[12] Art. 2.º, al. h), da Directiva relativa às práticas comerciais desleais.

[13] A noção de código de conduta surge no art. 132.º, n.º 4, do Anteprojecto do Código do Consumidor, como "(...) o acordo ou conjunto de normas não impostas por disposições legislativas, regulamentares ou administrativas de um Estado-Membro, que, em relação a uma ou várias práticas comerciais ou sectores de actividade específicos, determinam o comportamento dos profissionais que a ele decidem vincular-se". Já no art. 2.º, al. f), da Directiva relativa às práticas comerciais desleais, o código de conduta vem definido como o "acordo ou conjunto de normas não impostas por disposições legislativas, regulamentares ou administrativas de um Estado-Membro que define o comportamento de profissionais que se comprometem a ficar vinculados por este código no que diz respeito a um ou várias práticas comerciais ou sectores de actividade específicos".

[14] ELSA DIAS OLIVEIRA, *A protecção dos consumidores nos contratos celebrados através da Internet*, Almedina, Coimbra, 2002, pág. 46.

[15] No que respeita à sua eficácia, verificamos que, apesar de, conforme afirma ANTÓNIO MARQUES DOS SANTOS, *Direito Internacional Privado*, AAFDL, Lisboa, 2001, pág. 40, os códigos de conduta serem "(...) instrumentos todos eles destituídos

Práticas Comerciais Proibidas 153

de conduta variados, aplicáveis consoante as matérias que regulem, revela, uma vez mais, que os vários âmbitos de actividade justificam, ou podem justificar, regras específicas[16].

Sublinhe-se que regulamentação estadual e a auto-regulamentação poderão coexistir com benefícios para ambas.

O art. 129.º, n.º 2, *in fine*, do Anteprojecto do Código do Consumidor, na determinação de quais sejam as práticas comerciais que desrespeitam os ditames da diligência profissional recorrem ainda ao princípio da boa fé – à semelhança do art. 2.º, al. h), da Directiva relativa às práticas comerciais desleais –, sem que sejam dadas indicadores a ponderar na concretização deste princípio. Haverá assim que articular o art. 129.º, n.º 2, do Anteprojecto do Código do Consumidor, com o art. 6.º do mesmo diploma, à luz do qual, na concretização do princípio da boa fé, se deve ponderar especialmente, entre outros factores, a necessidade de assegurar a defesa do consumidor, que será um dos principais vectores por que se pautam as regras previstas neste Código.

Referimos, no início deste ponto, que a noção de prática comercial desleal seria concretizada com recurso a dois requisitos, a verificarem-se cumulativamente. O primeiro, associado aos fornecedores e aos ditames da sua diligência profissional, e que aqui foi sumariamente analisado; o segundo prende-se com os consumidores e, conforme determina o art. 129.º, n.º 1, al. b), do Anteprojecto do Código do Consumidor, a prática comercial será desleal se distocer ou for susceptível

---

em si mesmos de força vinculante (...)", são, todavia, "(...) dotados de grande poder de persuasão em relação aos respectivos destinatários, que são os agentes ou os operadores do comércio internacional". Do mesmo autor, sobre códigos de conduta, *Transferência internacional de tecnologia, economia e direito – Alguns problemas gerais*, Cadernos da Ciência e Técnica Fiscal, 132, Lisboa, 1984, págs. 309-319.

16 Atente-se, por exemplo, a que a Câmara de Comércio Internacional apresenta vários códigos de conduta consoante as questões a tratar, *v.g.*, Código de Conduta da Câmara de Comércio Internacional sobre *Marketing* e Publicidade que utiliza meios electrónicos, de Outubro de 2004; Código de Conduta da Câmara de Comércio Internacional do Marketing Directo, de Junho de 2001; Código de Conduta da Câmara de Comércio Internacional relativo às práticas publicitárias, de Abril de 1997, etc., acessível em http://www.iccwbo.org.

de distorcer substancialmente o comportamento económico do consumidor médio.

Entende-se que se verifica uma "distorção substancial" do comportamento económico dos consumidores nos casos em que a utilização de uma prática comercial prejudica sensivelmente a aptidão do consumidor para tomar uma decisão esclarecida, conduzindo-o a tomar uma decisão de transacção diferente daquela que, de outro modo, teria tomado: neste sentido determina o art. 130.º, al. b), do Anteprojecto do Código do Consumidor, bem como, em sentido semelhante, o art. 2.º, al. e), da Directiva relativa às práticas comerciais desleais[17].

Também o que se deva entender por "decisão de transacção" vem esclarecido no art. 130.º, al. c), do Anteprojecto do Código do Consumidor, entendendo-se como tal "a decisão do consumidor quanto a saber se, como e em que condições adquirir, pagar, integral ou parcialmente, conservar ou alienar um bem ou serviço ou exercer qualquer direito contratual, quer efectivamente venha a agir, quer se abstenha de o fazer"[18].

Subjacente a este requisito está a ideia de garantir a verdadeira autonomia privada, ou seja, que o consumidor possa decidir livre e esclarecidamente se, e em que condições, quer contratar. Na verdade, a falta de conhecimentos e de informações do consumidor é um dos factores que conduz a uma maior debilidade contratual, por contraposição

---

[17] Jorge Pegado Liz, «A "lealdade" no comércio...», cit., pág. 76, nota 52, chama a atenção para um possível erro de tradução na Directiva. Sublinha este autor, por comparação, designadamente com as versões espanhola e italiana, que onde se lê, no art. 2.º, al. e), da Directiva, "não teria tomado de outro modo", se deverá entender "de outro modo não teria tomado". Segundo o autor, a diferença é relevante já que a segunda "formulação significa que, sem a **causa** aquela decisão não teria sido tomada (...)", já a primeira "(...) formulação diz antes que a decisão **apesar da causa**, seria tomada de outra maneira". Assim, defende este autor, já no texto, que «(...) para que se verifique a "*deslealdade*" da acção ou da omissão do profissional é necessário que o seu comportamento seja **causa** de uma "*decisão de transacção*" que o consumidor "*de outro modo*" não teria tomado».

Esta diferença na tradução terá sido tomada em consideração pelo legislador português.

[18] Em sentido muito semelhante, *vide* art. 2.º, al. k), da Directiva relativa às práticas comerciais desleais.

Práticas Comerciais Proibidas

ao seu co-contratante fornecedor ou prestador de serviços. É mais fácil, para os fornecedores, convencerem os consumidores a adquirir bens ou serviços se não lhes forem facultadas todas as informações necessárias ou se estas forem transmitidas de uma forma incorrecta, capazes de induzir o consumidor a celebrar um contrato que não corresponde, verdadeiramente, àquele que ele pretende celebrar[19].

Ainda no que respeita à noção de prática comercial desleal e aos requisitos previstos no art. 129.°, n.° 1, al. b), do Anteprojecto do Código do Consumidor, verifica-se que a bitola de comportamento a ponderar é a do "consumidor médio" ou do "membro médio do grupo determinado de consumidores a que se destine ou afecte" a prática comercial desleal. A pergunta que se coloca será a de saber o que se deve entender por "consumidor médio" e por "membro médio do grupo". Haverá, então, que delinear o perfil do consumidor médio.

Atendendo a que os art.s 129.° e 130.° do Anteprojecto do Código do Consumidor, quando aprovado, virão transpor para o direito interno a Directiva comunitária relativa às práticas comerciais desleais, importa recorrer à noção de consumidor médio já avançada pelo Tribunal de Justiça. Segundo o Acórdão do Tribunal de Justiça de 16 de Julho de 1998, no Processo C-210/96[20], o consumidor médio é o que está "normalmente informado e razoavelmente atento e advertido"[21].

---

[19] Acerca das condições de desvantagem para os consumidores, cfr., designadamente, EIKE VON HIPPEL, *Verbraucherschutz*, 3.ª Edição, J.C.B. Mohr (Paul Siebeck), Tubinga, 1986, pág. 4; CARLOS FERREIRA DE ALMEIDA, "Negócio Jurídico de consumo", *BMJ*, n.° 347, 1985, págs. 11-38, págs. 19 ss.; ELSA DIAS OLIVEIRA, *A protecção dos consumidores* ..., cit., pág. 25.

[20] *Colectânea da Jurisprudência*, 1998, pág. I-04657.

[21] Em sentido semelhante, embora de modo menos óbvio, no Acórdão do Tribunal de Justiça, de 2 de Fevereiro de 1994, relativo ao Proc. C-315/92 *(Colectânea de Jurisprudência* 1994, pág. I-00317), veio entender-se – a propósito da questão de saber se a comercialização de produtos cosméticos com a denominação "Clinique" na República Federal da Alemanha poderia ter um efeito enganador junto dos consumidores que lhes poderiam atribuir uma conotação hospitalar ou médica –, que "[r]esulta (...) que a gama dos produtos cosméticos da empresa Estée Lauder só é comercializada na República Federal da Alemanha em perfumarias ou nas secções de produtos cosméticos das grandes superfícies comerciais, isto é, que nenhum destes produtos está à disposição nas farmácias. Não é contestado que estes produtos são

No caso em apreço, o Tribunal de Justiça veio entender que "[p]ara determinar se uma indicação destinada a promover as vendas de ovos pode induzir o comprador em erro (...) o órgão jurisdicional deve ter como referência a presumível expectativa dum consumidor médio, normalmente informado e razoavelmente atento e advertido, relativamente a esta indicação".

Neste Acórdão, "(...) o Tribunal de Justiça tomou em consideração a presumível expectativa dum consumidor médio, normalmente informado e razoavelmente atento e advertido, sem ter ordenado qualquer exame pericial ou encomendado uma sondagem de opinião"[22], entendendo ainda que "(...) os órgãos jurisdicionais nacionais devem geralmente estar em condições de apreciar, nas mesmas condições, o efeito eventualmente enganoso duma indicação publicitária"[23]. Todavia, segundo o mesmo Acórdão, "(...) o Tribunal de Justiça não exclui que, em certas circunstâncias particulares pelo menos, um órgão jurisdicional nacional possa decidir, em conformidade com o seu direito nacional, ordenar um exame pericial ou encomendar uma sondagem de opinião destinada a esclarecê-lo quanto ao carácter eventualmente enganoso duma indicação publicitária". Decidiu-se, neste sentido, que "(...) o Direito Comunitário não obsta a que, se tiver especiais dificuldades para avaliar o carácter enganoso da indicação em questão, o referido órgão jurisdicional possa recorrer, nas condições previstas pelo seu direito nacional, a uma sondagem de opinião ou a um exame pericial destinados a esclarecer a sua apreciação"[24].

---

apresentados como produtos cosméticos e não como medicamentos. Não foi alegado que independentemente da denominação dos produtos esta apresentação não respeite as regras aplicáveis na matéria aos produtos cosméticos. Finalmente, segundo os próprios termos da questão colocada, estes produtos são regularmente comercializados nos outros países sob a denominação "Clinique" sem que a utilização de tal denominação aparentemente induza em erro os consumidores" (ponto 21 do Acórdão). Concluindo, depois, no ponto 23, que "(...) a conotação hospitalar ou médica do termo "Clinique" não basta para dar a esta denominação um efeito enganador susceptível de justificar a sua proibição relativamente a produtos comercializados nas condições que acabam de ser referidas".

[22] Ponto 31 do Acórdão.
[23] Ponto 32 do Acórdão.
[24] Ponto 37 do Acórdão.

Face ao exposto, parece-nos que, assumindo como bitola o consumidor médio, deverá ser ponderada a reacção desse consumidor médio perante uma determinada prática comercial que esteja em causa, ante um determinado bem ou serviço. O que vai, necessariamente, implicar uma análise do caso concreto, mas partindo-se sempre de uma noção de consumidor nos termos acima referidos, que em si é já ampla[25].

Já nos casos em que a prática comercial se dirige a um grupo determinado de consumidores – *v.g.* crianças, adolescentes, idosos – que, devido a qualquer razão, sejam particularmente vulneráveis à prática utilizada ou ao bem ou serviço em causa – e essa vulnerabilidade seja previsível para o profissional -, na avaliação do impacto da prática comercial, devem ser tidas em conta as características da pessoa média desse grupo e não já o consumidor médio *tout court*, assim o determina o art. 129.º, n.º 3, do Anteprojecto do Código do Consumidor[26].

Esta especificação vem aumentar o casuísmo na determinação de deslealdade da prática comercial e a relevância da jurisprudência na sua definição.

Saliente-se aqui, aquilo que é também salientado na Directiva comunitária relativa às práticas comerciais desleais e, de igual modo, no art. 129.º, n.º 4, do Anteprojecto do Código do Consumidor: o facto de poder haver um público alvo especialmente vulnerável à prática

---

[25] JORGE PEGADO LIZ, «A "lealdade" no comércio...», cit., pág. 77, em apreciação à Directiva relativa às práticas comerciais desleais, manifesta-se crítico quanto ao recurso à noção de "consumidor médio", entendendo que «(...) um consumidor "*médio*" é uma utopia, ninguém é "*médio*" e se tal noção pode servir, em casos concretos, nas decisões jurisprudenciais, para resolver conflitos de interesses, avaliar o grau de conhecimento presumido ou presumível, não se pode basear toda uma política de protecção dos consumidores numa ficção».

[26] Também assim, art. 5.º, n.º 3, da Directiva relativa às práticas comerciais desleais. JORGE PEGADO LIZ, «A "lealdade" no comércio...», cit., pág. 78, a propósito desta disposição, vem entender que o facto de a Directiva condicionar "(...) esta referência ao facto de o profissional poder razoavelmente ter previsto tal circunstância de pertença a um grupo de tais características (...) anula a vantagem da consideração dos grupos de consumidores particularmente vulneráveis".

utilizada, por exemplo, especialmente crédulo, não significa que se não possa recorrer às usuais afirmações exageradas normalmente utilizadas na publicidade.

No âmbito do Código Civil português, poderemos reconduzir esta situação ao *dolus bonus* previsto no art. 253.º, n.º 2, do Código Civil: aí se determina que "[n]ão constituem dolo ilícito as sugestões ou artifícios usuais, considerados legítimos segundo as concepções dominantes no comércio jurídico (...)".

Sublinhe-se que de nenhuma das disposições aqui referidas se retira o sentido de que ao consumidor possam ser transmitidas informações erradas, susceptíveis de o induzir em erro[27], nem tão pouco que lhe possam ser omitidas informações que, nos termos na lei, o forne-

---

[27] Segundo CARLOS FERREIRA DE ALMEIDA, *Os direitos dos consumidores*, Livraria Almedina, Coimbra, 1982, pág. 182, não é admitido, nos negócios de consumo, o *dolus bonus*, "(...) na medida em que existe um dever de elucidar que resulta da lei". Admitindo o *dolus bonus*, JOSÉ DE OLIVEIRA ASCENSÃO, *Direito Civil, Teoria Geral*, vol. II, 2.º Edição, Coimbra Editora, 2003, pág. 159, entende que "(...) não representam dolo as considerações vagas e gerais usadas no comércio. Não é dolo que cada lojista diga que o seu produto é o melhor do mundo; mas já é dolo que diga que vai ao lume, quando queima afinal". Todavia, este autor sublinha, a págs. 157-158, que "(...) a fórmula do art. 253/2 peca por demasiado complacente" acrescentando que "[a] *protecção do consumidor* permitiu já avançar, levando a deveres mais precisos que os que resultariam deste enunciado genérico. (...) O art. 8 da Lei n.º 24/96, de 31 de Julho, sobre defesa do consumidor, estabelece o dever de informar o consumidor de forma clara, objectiva e adequada sobre as características, composição e preço do bem ou serviço (...)" (sublinhado do autor). Segundo PEDRO PAIS DE VASCONCELOS, *Teoria Geral do Direito Civil*, 3.ª Edição, Almedina, Coimbra, 2005, pág. 514, "[o] critério de distinção entre o *dolus bonus* e o *dolus malus* integra o dever de boa fé pré-contratual (art. 227.º do Código Civil) e o imperativo dos bons costumes. Há dolo ilícito sempre que, na negociação, uma das partes use de artifícios enganosos, omita informações que deva prestar ou não cumpra o dever de esclarecimento com violação da boa fé e dos usos próprios do comércio, ou daquele comércio, ou daquela praça, ou daquela terra". Sublinhando também a restrição significativa do campo de aplicação do art. 253.º, n.º 2, CC, face aos deveres de informação, *vide* LUÍS A. CARVALHO FERNANDES, *Teoria Geral do Direito Civil*, vol. II, 3.ª Edição, Universidade Católica Editora, 2001, págs. 170-171. Ainda sobre o *dolus bonus*, *vide* CARLOS ALBERTO DA MOTA PINTO, *Teoria Geral do Direito Civil*, 4.ª Edição por António Pinto Monteiro e Paulo Mota Pinto, Coimbra Editora, Coimbra, 2005, pág. 524.

cedor deva disponibilizar ao consumidor[28]. O que, supomos, se pretende salvaguardar no art. 129.º, n.º 4, é a possibilidade de os fornecedores e prestadores de serviços poderem fazer a divulgação dos bens que pretendem vender, evidenciando as suas qualidades, segundo os usos do comércio e os usos publicitários, mas sem induzir os consumidores em erro nem serem susceptíveis de distorcer de maneira substancial o comportamento económico dos consumidores. Por exemplo, num mercado, o vendedor anuncia as suas maçãs como sendo as melhores do mundo. Neste caso, o consumidor deverá saber que aquelas maçãs poderão não ser as melhores do mundo e que a afirmação será exagerada, visando a venda dos bens. Trata-se aqui de uma afirmação hiperbólica mas que, segundo as concepções dominantes do comércio jurídico, poderá ser considerada legítima. Situação diferente é aquela em que o vendedor apregoa que as suas maçãs são frescas, colhidas da árvore nessa madrugada, quando na verdade estiveram congeladas durante um determinado período de tempo. Neste caso, já o fornecedor estará a dar uma informação errada que não se pode incluir dentro do conceito de *dolus bonus*.

---

[28] Note-se que, já à luz do Anteprojecto do Código do Consumidor, no art. 16.º, al. b), se prevê que o Estado deve, designadamente, promover o direito à informação e, mais adiante, no art. 20.º, n.º 1, estabelece-se o princípio geral relativo à informação aos consumidores em que se determina que "[o] consumidor tem direito a que lhe sejam prestadas de forma objectiva, adequada, clara e exacta as informações necessárias ao seu esclarecimento", concretizando-se, nas disposições seguintes, este direito do consumidor. Tudo isto, sem prejuízo da aplicação de outras normas especiais relativas à informação que deva ser prestada aos consumidores em situações específicas, *v.g.* art. 230.º do Anteprojecto, relativo às informações a prestar aos consumidores antes da celebração de contratos a distância. Acresce ainda, conforme sublinha ANTÓNIO PINTO MONTEIRO ("Sobre o Direito do Consumidor em Portugal", *Estudos de Direito do Consumidor*, Faculdade de Direito da Universidade de Coimbra, Centro de Direito do Consumo, n.º 4, 2002, págs. 121-135, pág. 127), que o art. 60.º, n.º 1, da Constituição da República Portuguesa, estabelece que "os consumidores têm direito à qualidade dos bens e serviços consumidos, à formação e à informação, à protecção da saúde, da segurança e dos seus interesses económicos, bem como à reparação de danos", enquanto o seu n.º 2 proibe a publicidade oculta, indirecta ou dolosa.

160   *Estudos do Instituto de Direito do Consumo*

3. Práticas comerciais enganosas e as práticas comerciais agressivas

Na senda do previsto na Directiva comunitária relativa às práticas comerciais desleais, também no Anteprojecto do Código do Consumidor se subdividem as práticas comerciais desleais em dois grandes grupos:

– as práticas comerciais enganosas e
– as práticas comerciais agressivas.

Esta subdistinção não significa, contudo, que não possam existir outras práticas comerciais desleais, aliás, a expressão "em especial" assim o faz entender[29].

3.1. *Práticas comerciais enganosas*

No que respeita às práticas comerciais enganosas, no Anteprojecto[30], como na Directiva[31], é feita a subdistinção entre:

– acções enganosas e
– omissões enganosas

3.1.1. Acções enganosas

I. As acções enganosas vêm previstas no art. 132.º do Anteprojecto e, conforme o próprio nome indica, serão aquelas que visam enganar o consumidor para que este adquira bens ou serviços. Na definição prevista no n.º 1 da citada disposição, "[c]onsidera-se enganosa a prá-

---

[29] No mesmo sentido, art. 5.º, n.º 4, da Directiva relativa às práticas comerciais desleais. JORGE PEGADO LIZ, «A "lealdade" no comércio...», cit., pág. 79, sublinha o carácter exemplificativo destas práticas comerciais desleais.

[30] Art. 131.º, n.º 2, do Anteprojecto do Código do Consumidor.

[31] Art. 5.º, n.º 4, als. a) e b), da Directiva relativa às práticas comerciais desleais.

Práticas Comerciais Proibidas

tica comercial que contenha informações falsas ou que, mesmo quando veicule informações factualmente correctas, induza ou seja susceptível de induzir em erro, por qualquer forma, incluindo a sua apresentação geral, o consumidor médio, em relação a um ou mais dos elementos enumerados no número seguinte, desde que, em ambos os casos, distorça ou seja susceptível de distorcer substancialmente o comportamento económico deste"[32-33].

---

[32] Note-se que o legislador comunitário veio definir as práticas comerciais desleais, sejam elas enganosas ou agressivas, tendo em atenção o comportamento dos consumidores.

A Directiva 97/55/CE do Parlamento Europeu e do Conselho de 6 de Outubro de 1997 que altera a Directiva 84/450/CEE relativa à publicidade enganosa para incluir a publicidade comparativa, publicada no JOCE N.º L 290, de 23.10.1997, págs. 0018-0023, no seu art. 1.º, determina que "[a] presente directiva tem por objectivo proteger os consumidores e as pessoas que exercem uma actividade comercial, industrial, artesanal ou liberal, bem como os interesses do público em geral, contra a publicidade enganosa e as suas consequências desleais, e estabelecer as condições em que a publicidade comparativa é considerada lícita". Ora, a Directiva relativa às práticas comerciais desleais, no seu art. 14.º, veio alterar esta disposição, passando este art. 1.º a ter a seguinte redacção: "[a] presente directiva tem por objectivo proteger os profissionais contra a publicidade enganosa e as suas consequências desleais e estabelecer as condições em que a publicidade comparativa é permitida". Nota-se aqui a supressão à referência aos consumidores, tal como, no que respeita à definição de prática comercial enganosa, ou mesmo de prática comercial desleal, não consta qualquer referência às consequências desleais que podem advir para os possíveis concorrentes.

Com efeito, o legislador comunitário, na Directiva relativa às práticas comerciais desleais, apesar de, no seu art. 1.º, fazer uma referência ao objectivo da Directiva de contribuir não apenas para um elevado nível de defesa dos consumidores mas também para o funcionamento correcto do mercado interno, não faz, depois, menção ao facto de as práticas comerciais desleais poderem prejudicar os interesses económicos dos concorrentes. Na verdade, no considerando (6), esclarece-se que a "(...) directiva aproxima as legislações dos Estados-membros relativas às práticas comerciais desleais (...) que prejudicam directamente os interesses económicos dos consumidores e consequentemente prejudicam os interesses económicos de concorrentes legítimos". E acrescenta, mais adiante que "[n]ão abrange nem afecta as legislações nacionais relativas às práticas comerciais desleais que apenas prejudiquem os interesses económicos dos concorrentes ou que digam respeito a uma transacção entre profissionais". Mais adiante, no considerando (7), reafirma-se que a "(...) directiva se refere a práticas comerciais relacionadas com o propósito de influenciar directamente

Os elementos a que o art. 132.º, n.º 1, se refere, aparecem enumerados no n.º 2 do citado artigo e são, designadamente, a existência ou natureza do bem ou serviço, assim como as suas características, o

---

as decisões de transacção dos consumidores em relação a produtos. Não é aplicável às práticas comerciais utilizadas principalmente para outras finalidade (...)". No considerando (8) sublinha-se esta mesma ideia, fazendo a ligação entre a protecção dos consumidores e a concorrência leal, esclarecendo-se que a "(...) directiva protege directamente os interesses económicos dos consumidores das práticas comerciais desleais das empresas face aos consumidores. Consequentemente, protege também indirectamente os interesses legítimos das empresas face aos concorrentes que não respeitam as regras da presente directiva e garante assim a concorrência leal no domínio por ela coordenado".

De notar que esta orientação comunitária teve consequências que se reflectiram no Anteprojecto do Código do Consumidor. Assim, no Código da Publicidade em vigor na ordem jurídica portuguesa, no art. 11.º, n.º 1, sob a epígrafe "[p]ublicidade enganosa", determina-se que "[é] proibida toda a publicidade que, por qualquer forma, incluindo a sua apresentação, e devido ao seu carácter enganador, induza ou seja susceptível de induzir em erro os seus destinatários ou possa prejudicar um concorrente". Já de acordo com Anteprojecto do Código do Consumidor, no seu art. 95.º, se prevê que é proibida a publicidade enganosa: aquela que constitua uma prática comercial enganosa em conformidade com o disposto no art. 132.º ss. do Anteprojecto do Código do Consumidor, a qual, conforme se verificou é delineada em função da indução ou susceptibilidade de indução de um consumidor médio em erro em relação a elementos importantes e que distorça ou seja susceptível de distorcer substancialmente o comportamento económico do consumidor médio, sem que seja feita referência às consequências daí advenientes para os concorrentes.

[33] Quanto à relação entre concorrência desleal e protecção dos consumidores, cfr. Luís Manuel Teles de Menezes Leitão, "A protecção do consumidor...", cit., pág. 70, que salienta que "[t]radicionalmente, a repressão das práticas comerciais agressivas era apenas possível com base na legislação comercial e nos deveres de ética profissional dos comerciantes, sancionados exclusivamente através do instituto da concorrência desleal. (...) Actualmente, a situação modificou-se, verificando-se que a disciplina da concorrência desleal e da liberdade de concorrência, tem vindo a desempenhar uma importante função no âmbito da protecção dos consumidores, na medida em que ao tutelar o concorrente médio, acaba por realizar o interesse dos consumidores num funcionamento racional do mercado". Já antes, José de Oliveira Ascensão, *Concorrência desleal*, cit., págs. 632 ss., vem, a propósito da disciplina de vendas e de algumas modalidades especiais de vendas, *v.g.* fornecimento de produtos ou prestação de serviços não encomendados ou solicitados, analisar a natureza dos interesses protegidos.

Práticas Comerciais Proibidas 163

preço, a necessidade de um serviço ou de uma peça, etc.[34] Em suma, elementos que devem ser do conhecimento do consumidor para que este possa tomar uma decisão de contratar mais livre e esclarecida.

II. Consideram-se também acções enganosas as práticas comerciais que sejam susceptíveis de distorcer o comportamento económico do consumidor médio e envolvam actividades de *marketing*, por exemplo, publicidade comparativa que crie confusão com quaisquer bens ou serviços, marcas, designações comerciais e outros sinais distintivos de um concorrente. Tal como é considerado, igualmente, acção enganosa, o incumprimento por parte do profissional de normas constantes em códigos de conduta a que se tenha vinculado, desde que se trate de compromissos firmes e de observância comprovável e que o profissional indique, na prática comercial, que está vinculado pelo código[35].

3.1.2. Omissões enganosas

I. Já as omissões enganosas vêm previstas no art. 133.º Anteprojecto do Código do Consumidor[36] e são, por seu turno, as práticas comerciais que omitam, ocultem ou apresentem de modo pouco claro, ininteligível, ambíguo ou tardio, uma informação substancial para que o consumidor médio possa tomar uma decisão esclarecida, bem como aquelas em que não seja revelado o objectivo comercial da prática em

---

[34] JORGE PEGADO LIZ, «A "lealdade" no comércio...», cit., pág. 80, critica, no art. 6.º, n.º 1, da Directiva relativa às práticas comerciais desleais, a taxatividade dos elementos enumerados.

[35] JORGE PEGADO LIZ, «A "lealdade" no comércio...», cit., pág. 80, aponta, no art. 6.º, n.º 2, da Directiva relativa às práticas comerciais desleais, que ao se exigir – para que a prática comercial seja considerada enganosa -, que o profissional se tenha efectivamente vinculado ao código de conduta e tenha indicado que está vinculado pelo código, deixa-se "(...) ao inteiro critério do profissional auto limitar-se pelas normas de auto-regulação que o deviam vincular".

[36] Em sentido semelhante, cfr. art. 7.º da Directiva relativa às práticas comerciais desleais.

164 *Estudos do Instituto de Direito do Consumo*

causa e este se não possa depreender do seu contexto[37]. Em todo o caso, e atendendo à própria definição de prática comercial enganosa, estas omissões deverão distorcer ou ser susceptíveis de distorcer substancialmente o comportamento económico do consumidor médio.

II. No Anteprojecto, tal como na Directiva, vem depois especificar-se quais as informações que são consideradas substanciais, quando se trate de um convite a contratar. No art. 133.º, n.º 3, enumeram-se, como substanciais as informações que versem sobre as características principais do bem ou serviço, o endereço geográfico e a identidade do profissional, o preço, as modalidades de pagamento, a existência de um direito de livre resolução, nos casos em que se aplique, etc.[38].

Por sua vez, no art. 133.º, n.º 4, e, uma vez mais, à semelhança da Directiva[39], vem esclarecer-se que se entende por convite a contratar a "(...) comunicação comercial que indica as características e o preço do bem ou serviço de forma adequada aos meios de comunicação utilizados, permitindo assim que o consumidor efectue a aquisição".

Supomos que o legislador português, no Anteprojecto do Código do Consumidor, terá seguido muito de perto a redacção que é dada pela Directiva, já que, para além do facto de a definição de "convite a contratar" coincidir em ambos os diplomas, também a enumeração das informações consideradas substanciais no caso de convite a contratar é muito semelhante. Todavia, a referência, num diploma a vigorar no ordenamento jurídico interno, ao "convite a contratar" pode suscitar algumas dificuldades na sua interpretação e colocar algumas questões, a primeira das quais é a de saber se este convite será um verdadeiro convite a contratar ou se já poderá ser uma verdadeira proposta.

No ordenamento jurídico português, é definida como proposta contratual "(...) a declaração feita por uma das partes e que, uma vez

---

[37] JORGE PEGADO LIZ, «A "lealdade" no comércio...», cit., pág. 80, a propósito do art. 7.º da Directiva relativa às práticas comerciais desleais, alerta para as dificuldades com que os consumidores poderão deparar na demonstração de que a sua decisão de contratar foi determinada por uma omissão enganosa.

[38] Na Directiva relativa às práticas comerciais desleais, cfr. art. 7.º, n.º 4.

[39] Art. 2.º, al. i), da Directiva relativa às práticas comerciais desleais.

aceite pela outra ou pelas outras, dá lugar ao aparecimento de um contrato"[40]. A declaração negocial, para ser uma proposta, terá que reunir três requisitos: ser completa, assumir a forma exigida para o contrato definitivo e revelar uma intenção inequívoca de contratar[41].

Uma vez eficaz, a proposta faz surgir na esfera do seu destinatário o direito potestativo de, aceitando-a, fazer nascer o contrato[42].

A falta de um dos requisitos da proposta implica que, em rigor, se não esteja perante uma proposta mas perante um convite a contratar. No convite a contratar, o declarante, por regra, manifesta uma disposição para vir, posteriormente, a contratar, encetando, para tanto, negociações[43], como tal, a sua eficácia não faz nascer na esfera do seu destinatário qualquer direito potestativo de aceitar, fazendo nascer o contrato, nem na esfera do declarante uma sujeição[44].

Ora, em algumas mensagens transmitidas aos consumidores, os requisitos da proposta: ser completa, assumir a forma exigida para o contrato definitivo e revelar a vontade inequívoca de contratar, poderão já estar preenchidos. Aliás, a parte final do n.º 4 do art. 133.º também suscita dúvidas: "permitindo assim que o consumidor efectue a aquisição". Esta expressão poderá aqui significar que bastará uma declaração do consumidor para que o contrato se celebre, ou seja, uma aceitação: "efectue a aquisição". Então, um "convite a contratar" conforme vem referido no art. 133.º n.ºs 3 e 4, do Anteprojecto do Código do Consumidor, poderá, na verdade, ser, não um convite, mas uma proposta e nessa sequência "convite a contratar" terá aqui um sentido mais amplo do que aquele que lhe é tradicionalmente atribuído no ordenamento jurídico português. Acresce ainda que, à luz do art. 184.º do Anteprojecto do Código do Consumidor, se presume que "(...) constitui

---

[40] ANTÓNIO MENEZES CORDEIRO, *Tratado de Direito Civil Português*, I, Parte Geral, Tomo I, 3.ª Edição, Livraria Almedina, 2005, pág. 552.

[41] Por todos, *vide* ANTÓNIO MENEZES CORDEIRO, *Tratado de Direito Civil Português*, cit., pág. 552.

[42] Por todos, *vide* ANTÓNIO MENEZES CORDEIRO, *Tratado de Direito Civil Português*, cit., pág. 553.

[43] CARLOS FERREIRA DE ALMEIDA, *Contratos*, I, 2.ª Edição, Almedina, Coimbra, 2003, pág. 89; PEDRO PAIS DE VASCONCELOS, *Teoria Geral do Direito Civil*, cit., pág. 306.

[44] PEDRO PAIS DE VASCONCELOS, *Teoria Geral do Direito Civil*, cit., pág. 306.

166   *Estudos do Instituto de Direito do Consumo*

uma proposta ao público a mensagem publicitária que identifique o bem ou serviço oferecido e o seu preço", o que nos leva, com maior convicção, a entender que o sentido de "convite a contratar" poderá assumir um significado mais amplo, abrangendo a proposta.

III. À luz do n.º 5 do art. 133.º do Anteprojecto consideram-se ainda substanciais os requisitos de informação estabelecidos pela legislação comunitária relativamente às comunicações comerciais e a lista dessas informações, que se traduz em artigos de Directivas comunitárias, consta do anexo II da Directiva sobre as práticas comerciais desleais. Neste sentido, haverá que conjugar esta disposição com outros diplomas que transpuseram as referidas Directivas comunitárias, ou com outras disposições do Anteprojecto do Código do Consumidor se este as incluir. Por exemplo, a primeira referência do Anexo II respeita aos arts. 4.º e 5.º da Directiva 97/7/CE, que estão actualmente transpostos para o Direito interno nos arts. 4.º e 5.º do Dec.-Lei n.º 143/2001, de 26 de Abril, e que, no âmbito do Anteprojecto do Código do Consumidor se encontram previstos nos arts. 230.º e 231.º.

IV. No Anteprojecto do Código do Consumidor, arts. 135.º a 150.º, vêm depois enumeradas e tratadas várias práticas comerciais enganosas que serão sempre entendidas como enganosas e, consequentemente, proibidas, conforme determina o art. 134.º. As práticas comerciais enganosas aqui enumeradas, a título exemplificativo, são também as que constam do Anexo I da Directiva[45], embora no Anteprojecto se apresentem mais especificadas e desenvolvidas.

Exemplos de práticas comerciais consideradas enganosas, em quaisquer circunstâncias, e consequentemente proibidas, são as afirmações falsas quanto à qualidade de signatário de um código de conduta [art. 135.º, al. a)], quanto à bondade do bem para curar doenças

---

[45] JORGE PEGADO LIZ, «A "lealdade" no comércio...», cit., pág. 84, revela-se crítico ao recurso à lista na Directiva relativa às práticas comerciais desleais. Entende este autor que seria melhor esta lista não apresentar um carácter taxativo, já que não permite o adicionamento de novas situações. Defende ainda que deveria ter sido apresentada uma *"lista cinzenta"* de práticas para além desta *"lista negra"*.

Práticas Comerciais Proibidas 167

[art. 135.º, al. g)], quanto ao facto de o profissional estar prestes a mudar a instalação ou a cessar a actividade [art. 135.º, al. f)]; a publicidade-isco (art. 137.º), as vendas "em cadeia", "em pirâmide" ou de "bola de neve" (art. 142.º), etc.

3.2. *Práticas comerciais agressivas*

I. No início desta exposição, quando começámos a tratar das práticas comerciais desleais, referiu-se que elas foram divididas, quer pelo legislador comunitário, quer pelo legislador interno, em dois grandes grupos:

– as práticas comerciais enganosas e
– as práticas comerciais agressivas.

II. As práticas comerciais serão consideradas agressivas, à luz do art. 151.º do Anteprojecto do Código do Consumidor, se se verificarem os seguintes elementos:

– se, no caso concreto, atendendo às suas características, as circunstâncias e o contexto em que ocorre, a prática comercial prejudicar ou for susceptível de prejudicar significativamente a liberdade de escolha ou o comportamento do consumidor médio em relação a um produto, e, por conseguinte, o conduza ou seja susceptível de o conduzir a tomar uma decisão que de outro modo não teria tomado e
– se esta liberdade de escolha for prejudicada devido a assédio, coacção, incluíndo força física, ou influência indevida[46].

Atendendo à amplitude dos conceitos a que o legislador recorre para aferir da agressividade da prática comercial, o art. 152.º do Anteprojecto do Código do Consumidor esclarece que, para se determinar

---

[46] Em sentido convergente, cfr. art. 8.º da Directiva relativa às práticas comerciais desleais.

168   *Estudos do Instituto de Direito do Consumo*

se uma prática comercial utiliza o assédio, a coação ou a influência indevida, são tomados em consideração factores como por exemplo:

- o momento e o local em que a prática é aplicada, a sua natureza e persistência;
- o recurso à ameaça ou a linguagem ou comportamentos injuriosos;
- o aproveitamento, pelo profissional, de qualquer infortúnio ou circunstância específica de uma gravidade tal que prejudique a capacidade de decisão do consumidor, e de que aquele tenha conhecimento, com o objectivo de influenciar a decisão de transacção do consumidor, etc.

Será, *v.g.*, prática comercial agressiva, aquela que consiste em atrair uma pessoa a um determinado local alegando que há um brinde ou presente que lhe está destinado e depois conduzi-la a uma sala, normalmente sem janelas e sem relógios, com música em volume muito elevado, e insistir de forma muito persuasiva na celebração de um determinado contrato, chegando inclusive a ameaçar a pessoa de que poderá ser fisicamente agredida se o não fizer ou de que contra ela poderá ser intentada alguma acção judicial. Ora, na sequência desta actividade, o consumidor médio pode sentir a sua liberdade de contratar afectada e celebrar contratos que, de outra forma, não celebraria.

No exemplo apresentado, é manifesta a agressividade da prática comercial e a sua consequente proibição, em outros casos, o intérprete e o julgador poderão ter maiores dúvidas.

No que respeita à específica concretização de "influência indevida", o legislador veio esclarecer, no art. 152.º, n.º 2, do Anteprojecto do Código do Consumidor, que se entende como tal "(...) o comportamento do profissional que consiste em utilizar uma posição de poder para pressionar o consumidor, mesmo sem recurso ou ameaça de recurso à força física, que conduz a limitar significativamente a capacidade de este tomar uma decisão esclarecida".

Note-se aqui que o legislador veio referir-se à "influência indevida" quer no n.º 1, quer no n.º 2 do art. 152.º: no n.º 1, incluindo este conceito entre os outros que podem caracterizar a prática comercial

Práticas Comerciais Proibidas 169

como agressiva – recurso a "assédio" e a "coacção" – e evidenciando os factores que devem ser tomados em consideração para que se possa afirmar que se recorreu a "influencia indevida"; enquanto no n.º 2 se delimita especificamente o conceito de "influência indevida", recortando-o do eventual recurso ou ameaça de recurso à força física mas expressamente referindo que deverá conduzir à limitação significativa da capacidade do consumidor para tomar uma decisão esclarecida[47].

III. A proibição das práticas comerciais agressivas visa afastar as situações em que o consumidor médio contrata por se sentir, por qualquer forma, pressionado ou ameaçado, ou sujeito a qualquer forma de forte influência psicológica, que o poderá controlar sem que ele próprio de tal se aperceba ou, ainda que apercebendo-se, não lhe consiga resistir, distorcendo assim o seu discernimento na decisão de contratar. Na verdade, o que se pretende é que o consumidor tome decisões de contratar esclarecidas, que contrate, querendo, em consciência do que faz e como o faz. Pretende-se, por isso, garantir a liberdade de celebração e de estipulação dos consumidores.

IV. Num modelo semelhante ao utilizado no que respeita às práticas enganosas, também no que concerne às práticas comerciais agressivas, no Anteprojecto do Código do Consumidor, são enumeradas e tratadas algumas das práticas comerciais que são sempre consideradas agressivas e, consequentemente proibidas (art. 153.º): são elas as que vêm indicadas nos arts. 154.º a 164.º.

---

[47] Note-se que o legislador comunitário, no art. 9.º da Directiva relativa às práticas comerciais desleais, veio também apontar cinco factores que poderão auxiliar o intérprete a determinar se a prática comercial utiliza o assédio, a coacção ou a influência indevida – *grosso modo*, os mesmos cinco factores indicados no art. 152.º, n.º 1, do Anteprojecto do Código do Consumidor. No art. 2.º, al. j), da Directiva relativa às práticas comerciais desleais, vem definido o conceito de "influência indevida" em sentido muito semelhante ao previsto no art. 152.º, n.º 2, do Anteprojecto. JORGE PEGADO LIZ, «A "lealdade" no comércio...», cit., págs. 77 e 83, a propósito da Directiva relativa às práticas comerciais desleais, critica a noção que é dada de "influência indevida" entendendo que se está no "(...) domínio da pura subjectividade".

Assim, *v.g.*, à luz do art. 154.º é proibida a exploração abusiva de situações de debilidade, tal como, segundo o art. 155.º, são proibidas as vendas forçadas, de acordo com o art. 156.º são proibidas as vendas ligadas, já o art. 159.º vem regular as comunicações indesejadas, etc.

No que respeita às vendas forçadas e às comunicações indesejadas, gostaria de fazer um brevíssimo comentário, já que têm sido tratadas na doutrina portuguesa e pela legislação em vários diplomas.

À luz do art. 155.º do Anteprojecto do Código do Consumidor, é proibida a utilização da prática comercial em que a falta de resposta de um consumidor a uma oferta ou proposta que lhe tenha sido dirigida é presunção da sua aceitação, com o fim de promover a venda a retalho de bens ou a prestação serviços. Nesta disposição está concretizada a regra geral prevista no art. 218.º do Código Civil: o silêncio só terá valor negocial se esse valor lhe for atribuído por lei, uso ou convenção, o que não é o caso[48].

Igualmente proibido, à luz do art. 162.º, n.º 1, é o fornecimento de bens ou a prestação de serviços ao consumidor que incluam um pedido de pagamento, sem que este os tenha previamente encomendado. Como consequência, o art. 162.º, n.º 3, prevê que o fornecedor ou prestador de serviços que, ainda assim, forneça bens ou preste serviços que o consumidor não solicitou, não poderá depois exigir a devolução nem a guarda desses bens. O art. 186.º, cuja aplicação deve ser articulada com o art. 162.º, vem estabelecer uma consequência civil para o envio de bens ou prestação de serviços não solicitados: o destinatário desses bens ou serviços não fica obrigado à sua devolução nem pagamento, podendo conservá-los a título gratuito. Todavia, caso o destinatário decida devolver, terá direito a ser reembolsado das despesas daí decorrentes, no prazo de 30 dias[49].

---

[48] O regime previsto neste art. 155.º está, actualmente, previsto no art. 28.º, n.º 1, do Dec.-Lei n.º 143/2001, de 26 de Abril. Sobre este tema, *vide* JOSÉ DE OLIVEIRA ASCENSÃO, *Concorrência Desleal*, cit., pág. 559; LUÍS MANUEL TELES DE MENEZES LEITÃO, "A protecção do consumidor...", cit., pág. 81 ss; ELSA DIAS OLIVEIRA, *A protecção dos consumidores...*, cit., pág. 143.

[49] Actualmente, o art. 29.º, do Dec.-Lei n.º 143/2001, regula o fornecimento de bens e a prestação de serviços não encomendados nem solicitados, proibindo esta

Práticas Comerciais Proibidas

Por uma questão de clareza, supomos que seria interessante incluir-se, no art. 162.º, pelo menos, uma referência ao disposto no art. 186.º.

No que respeita às comunicações indesejadas, o art. 159.º vem determinar que, não havendo a iniciativa do consumidor, é proibido dirigir-lhe solicitações persistentes por telefone, telecópia, correio electrónico ou qualquer outro meio de comunicação à distância.

Esta prática de *marketing* directo, que permite o contacto imediato com os seus destinatários – independentemente de fronteiras geográficas[50] –, e que se pauta pela rapidez[51], é especialmente agressiva. Os seus destinatários são surpreendidos, *v.g.*, na sua caixa de correio electrónico com mensagens que não solicitaram e que são provenientes de remetentes que, muitas vezes, não conhecem e cuja identidade pode também ter sido falseada[52].

A própria privacidade do utilizador poderá sair beliscada por esta prática, já que é perturbada a sua tranquilidade, sendo surpreendido, na sua residência ou local de trabalho, por mensagens que poderão ser invasoras da sua esfera privada[53-54].

---

prática e estabelecendo, designadamente, as respectivas consequências civis. Sobre esta disposição, *vide* JOSÉ DE OLIVEIRA ASCENSÃO, *Concorrência Desleal*, cit., pág. 630; LUÍS MANUEL TELES DE MENEZES LEITÃO, "A protecção do consumidor...", cit., págs. 82-83; ELSA DIAS OLIVEIRA, *A protecção dos consumidores...*, cit., pág. 143 ss. Também no art. 9.º, n.º 4, da Lei de Defesa do Consumidor, se determina que "[o] consumidor não fica obrigado ao pagamento de bens ou serviços que não tenha prévia e expressamente encomendado ou solicitado, ou que não constitua cumprimento de contrato válido, não lhe cabendo, do mesmo modo, o encargo da sua devolução ou compensação, nem a responsabilidade pelo risco de perecimento ou deterioração da coisa".

[50] FRANK WEILER, "Spamming – Wandel des europäischen Rechtsrahmens", *Multimedia und Recht*, 4/2003, págs. 223-229, pág. 223.

[51] SONJA JANISCH, *Online-Webung*, Verlag Dr. Kovač, 2004, pág. 183.

[52] THOMAS FRANK, "«You've got (Spam-)Mail»", Zur Strafbarkeit von E-Mail--Werbung", *Computer und Recht*, 2/2004, págs. 123-129, pág. 223.

[53] *Vide* a este propósito, PAULO DA MOTA PINTO, «Publicidade domiciliária não desejada ("Junk Mail", "Junk Calls" e "Junk Faxes")», *BFDC*, vol. LXXIV, 1998, pág. 273-325, pág. 283; do mesmo autor, "Notas sobre a Lei n.º 6/99, de 27 de Janeiro – Publicidade doliciliária, por telefone e por telecópia", *Estudos de Direito do*

172   *Estudos do Instituto de Direito do Consumo*

O art. 159.º vem consagrar a solução *opt-in* para os casos em que o fornecedor utilize os referidos meios de comunicação, *i.e.*, utilizando estes meios de comunicação, o fornecedor necessita de ter o consentimento prévio do consumidor antes de o interpelar.

De acordo com o modelo *opt-in*, o emitente apenas poderá enviar mensagens não solicitadas a destinatários que tenham manifestado a intenção de as receber; já segundo o modelo *opt-out*, o emitente só não poderá enviar tais mensagens aos destinatários que tenham manifestado intenção de as não receber, designadamente, através da sua inscrição nas denominadas *Listas de Robinson*[55].

No n.º 2 do art. 159.º, vem prever-se que esta regra não prejudica a aplicação do disposto no art. 228.º do CConsumidor nem nas Directivas 95/46/CE e 2002/58/CE.

Ora, o art. 228.º vem também, no seu n.º 1, consagrar a solução de *opt-in* para os casos em que o fornecedor utilize o telefone, o correio electrónico ou a telecópia: *i.e.*, utilizando estas formas de comunicação, o fornecedor necessita de ter o consentimento prévio do consumidor.

No que respeita às outras técnicas de comunicação à distância que permitam uma comunicação individual, o art. 228.º, n.º 2, determina que só poderão ser utilizadas se não houver uma oposição manifesta do consumidor: aqui funciona a solução de *opt-out*.

Consumidor, n.º 1, Centro de Direito do Consumo, 1999, págs. 117-176, págs. 128 ss., 145; CARLA AMADO GOMES, "O direito à privacidade do consumidor. A propósito da Lei n.º 6/99 de 27 de Janeiro", *RPDC*, n.º 18, 1999, págs. 11-24; LUÍS MANUEL TELES DE MENEZES LEITÃO, "A distribuição de mensagens de correio electrónico indesejadas (*Spam*)", *Estudos de Homenagem à Professora Doutora Isabel de Magalhães Collaço*, vol. II, Almedina, Coimbra, 2002, págs. 219-240, págs. 222, 238 ss.

[54] A propósito do enquadramento constitucional desta matéria, fazendo referência, por um lado aos arts. 37.º, 42.º e 61.º, da Constituição da República Portuguesa, a propósito da liberdade de expressão e informação, de criação cultural e da iniciativa económica, que colocam em causa uma proibição ao *spam* e por outro aos arts. 60.º, n.º 2, 26.º, n.º 1 e 35.º, também da Lei Fundamental, que tratam da disciplina da publicidade, da tutela da privacidade e da garantia de protecção de dados pessoais, *vide* LUÍS MANUEL TELES DE MENEZES LEITÃO, "A distribuição de mensagens...", cit., págs. 236-237. A este respeito, *vide* também PAULO DA MOTA PINTO, «Publicidade domiciliária não desejada...», cit., pág. 283.

[55] No que respeita a estes dois sistemas *vide*, por todos, PAULO DA MOTA PINTO, «Publicidade domiciliária não desejada...», cit., págs. 287 ss.

Quanto à Directiva 95/46/CE, relativa à protecção das pessoas singulares no que diz respeito ao tratamento dos dados pessoais e à livre circulação desses dados, foi transposta para o Direito interno pela Lei n.º 67/98, de 26 de Outubro, que não é contrariada por estas normas.

No que concerne à Directiva 2002/58/CE do Parlamento Europeu e do Conselho de 12 de Julho de 2002, relativa ao tratamento de dados pessoais e à protecção da privacidade no sector das telecomunicações electrónicas (Directiva relativa à privacidade e às comunicações electrónicas)[56], o seu art. 13.º, que se prende com o tema aqui tratado já que tem como epígrafe "[c]omunicações não solicitadas", foi transposto para o ordenamento interno pelo Dec.-Lei n.º 7/2004, de 7 de Janeiro, mais concretamente, pelo art. 22.º deste diploma, e aí se determina que o envio de mensagens para fins de *marketing* directo, cuja recepção seja independente de intervenção do destinatário, nomeadamente por via de aparelhos de chamada automática, aparelhos de telecópia ou por correio electrónico, carece de consentimento prévio do destinatário. Este regime também parece não contrariar o disposto no art. 159.º do Anteprojecto do Código do Consumidor.

Ante o panorama sumariamente desenhado, no que respeita às comunicações não desejadas, verifica-se que existe uma multiplicidade de normas que se aplicam à mesma ou a situações semelhantes, pelo que nos parece que seria interessante, por uma questão de simplicidade e clareza, ponderar a inclusão de todas estas regras numa mesma norma ou, pelo menos, garantir a clareza das remissões e harmonia de regimes.

---

[56] Publicada no JOCE N.º L 201, de 31.7.2002.

COMENTÁRIOS DO CENTRO DE ARBITRAGEM DE CONFLITOS DE CONSUMO DE LISBOA AO ANTEPROJECTO DO CÓDIGO DO CONSUMIDOR

Notas Prévias

Analisado o Anteprojecto do Código do Consumidor pela Direcção e pelo Grupo Jurídico deste Centro, cumpre dar conhecimento sobre os comentários que o mesmo nos mereceu e que abaixo se transcrevem num contexto de factualidade que advém da experiência resultante da acção do Centro e sem nos determos em princípios ou notas de carácter geral, entendendo não ser esse o contributo que se espera do Centro.

O Anteprojecto parece-nos uma solução apropriada no que concerne ao conhecimento e divulgação do Direito do Consumo, reunindo e sistematizando o acervo legislativo vigente e introduzindo também as novas Directivas Comunitárias.

Contudo, do nosso ponto de vista, tem uma organização e estrutura pouco acessível mesmo para os operadores de justiça, sobretudo no que diz respeito aos Títulos I e II, nomeadamente pela:

- manutenção de **conceitos indeterminados** ou de difícil percepção, que eram alvo de critica nos diplomas avulsos;

- Utilização sistemática de **remissões** que, por vezes, torna confusa a interpretação dos textos.

Do mesmo modo e apesar do Anteprojecto raramente ir além da compilação do direito existente tornam-se relevantes algumas **inovações** como é o caso dos procedimentos de reestruturação do passivo do devedor insolvente (Artº 581º a 653º).

Neste contexto cabe referir que nos parece de particular importância que o apoio aos **Particulares Sobreendividados**, seja integrado na acção dos Centros de Arbitragem, já que o (sobre)endividamento dos particulares é das questões mais delicadas e que mais tem preocupado aqueles que, directa ou indirectamente, lidam diariamente com as reclamações dos consumidores. E nestes casos os **Tribunais Arbitrais poderão homologar acordos de reestruturação do passivo e cooperar** com as instituições de Defesa do Consumidor e com os Tribunais Judiciais, como este Centro sempre fez para outro tipo de conflitos.

Quanto às questões consideradas essenciais para o Centro temos:

- **A definição de Consumidor (Artº 10º)** que se encontra clarificada afastando qualquer relação jurídica estabelecida pelo consumidor no âmbito da sua actividade profissional, ficando também esclarecido que nada impede que a relação jurídica seja estabelecida com organismos da Administração Pública, pessoas colectivas públicas, empresas de capitais públicos, Regiões Autónomas, autarquias locais ou empresas concessionárias de serviços públicos.

  Contudo, **a extensão do regime às pessoas colectivas (Artº 11º)** fazendo depender a aplicação do conceito de consumidor à "competência para a transacção em causa" e a uma apreciação "de acordo com a equidade" **parece-nos absolutamente inapropriada** e **geradora de potencial confusão e dificuldades na aplicação** deste conceito confuso, por parte de entidades que como o Centro devem garantir a aplicação do direito aos casos concretos, através de uma análise casuística, inequívoca e célere.

– **A integração dos Centros de Arbitragem no âmbito do Sistema Português de Defesa do Consumidor (Título IV Cap. I)** – que põe em causa a imparcialidade subjacente à analise e conclusão dos diferendos que opõem consumidores e empresas em Tribunal Arbitral.

Esta situação, que ignora a especificidade e objecto da Arbitragem Voluntária para os Conflitos de Consumo, a verificar-se **prejudicaria definitivamente a confiança conquistada junto da comunidade em geral e dos empresários em particular já que ao contrário da imagem actual, o Anteprojecto estatui que os Centros integram um "sistema direccionado para a defesa do consumidor".**

Ficaria também prejudicado o sentido das próprias decisões que felizmente vêm determinando uma adequação de comportamentos das partes pela pedagogia consequente da formação de consumidores e prestadores de bens e serviços e pela prevenção de casos futuros.

Em síntese os Centros passariam a ser vistos como mais um serviço criado à medida do consumidor, pondo em causa todos os princípios que pautam a sua actuação (como Tribunais) e pelos quais são reconhecidos actualmente. E, paradoxalmente estariam **prejudicados os consumidores face à natural recusa dos empresários em aderirem a meios extrajudiciais que passariam a ter "... por objectivo directo ou mediato, assegurar os direitos do consumidor"** (Art° 654°).

Quanto à competência Territorial do Centro Nacional de Informação, Mediação, Conciliação e Arbitragem, entende-se que só por lapso não terá sido mencionada a sua **competência supletiva em relação à dos Centros já existentes** já que o objectivo é suprir a não existência de Centros em algumas zonas do território, sem prejuízo da acção e vantagens de proximidade e de adesão das empresas a outros Centros.

TÍTULO II
Dos Direitos do Consumidor

CAPÍTULO I
Da Informação

Regista-se um cuidado especial em salvaguardar o direito à informação, a todos os níveis, estabelecendo um regime bastante abrangente quer ao nível da protecção, quer da responsabilização.

É de valorar a previsão de informação específica e acrescida para situações que envolvam riscos especiais (**Artº 23º**), nomeadamente a necessidade de obtenção do consentimento do paciente na prestação de cuidados de saúde.

Igualmente inovadora é a consagração geral de que o ónus da prova do cumprimento do dever de informar cabe ao profissional (**Artº 29º**).

Quanto ao teor do **nº 5 do Artº 39º** "Indicação do preço dos serviços" – Poderá ser útil fixar a validade do orçamento escrito. Bastaria acrescentar no preceito: " ... um orçamento escrito válido por um período ..." não inferior a 30 dias.

CAPÍTULO IV
Dos Interesses Económicos

De salientar a inserção neste capítulo da transposição da Directiva 2005/29/CE do Parlamento Europeu e do Conselho, de 11 de Maio de 2005, relativa às práticas comerciais desleais das empresas face aos consumidores no mercado interno.

SECÇÃO III
Práticas comerciais proibidas
Práticas Comerciais Enganosas e Agressivas (Artº 132º e ss)

Verifica-se que uma grande parte dos cidadãos já foi vítima de práticas comerciais enganosas e/ou agressivas, sendo induzidos a realizar uma aquisição, através de técnicas sofisticadas de *Marketing* com multiplicidade de intermediários e deficiente informação e que estas práticas têm vindo a registar uma grande percentagem de reclamações apresentadas no C.A.C.C.

Sendo entendimento deste Tribunal Arbitral que nos contratos que resultam da iniciativa do fornecedor fora do estabelecimento comercial, por meio de correspondência ou outros equivalentes, é lícito ao consumidor exercer o direito de retractação (agora "de livre resolução"), quando se verifique falta de informação, informação ilegível ou ambígua, situação que entendemos dever estar claramente prevista no Anteprojecto

SECÇÃO V
Dos contratos em geral

Quanto ao teor do **Artº 195º nº 1 al. e) "Forma" – sugere-se seja estatuído que a cópia dos contratos deverá ser obrigatoriamente entregue de imediato ao consumidor aquando da assinatura dos mesmos.**

SUBSECÇÃO IV
Contrato a distância

SUBSECÇÃO V
Contrato ao domicílio e outros equiparados

Quanto aos contratos de venda à distância e equiparados, muitas vezes, estamos perante práticas que omitem informação ou induzem em erro o consumidor, limitando a aptidão deste conscientemente tomar uma decisão com conhecimento de causa.

As práticas utilizadas recorrem a mecanismos de persuasão e desgaste do interlocutor, com vista à celebração de um contrato de valor, regra geral, elevado e que, de outra forma, não teria sido celebrado.

De notar que as referidas práticas não atingem apenas o consumidor com um baixo nível de informação/formação. Os casos colocados no Centro de Arbitragem de Conflitos de Consumo de Lisboa (reclamações e informações) demonstram que qualquer consumidor médio (normalmente informado e razoavelmente atento e advertido) está sujeito a uma "abordagem" e a uma consequente contratação não desejada.

Do nosso ponto de vista, deverá ser substancialmente reforçada a legislação no que diz respeito à fase "pré-contratual", tornando-se necessário para instaurar a necessária confiança que seja estabelecido, relativamente à utilização de novas tecnologias na informação pré-contratual, um nível de protecção equivalente ao existente nas transacções tradicionais.

– Como é sabido, **nos contratos celebrados a distância ou por iniciativa do fornecedor está, cada vez mais, associado um contrato de crédito.**

A actual legislação não estabelece qualquer obrigação relativamente às sociedades financeiras de aquisição a crédito envolvidas nestas operações, ou seja, para a celebração destes contratos, não é exigida a intervenção da sociedade financeira em qualquer fase antecedente à celebração do mesmo.

Nos casos em que o preço do bem ou serviço for total ou parcialmente coberto por um crédito concedido por um terceiro com base num acordo celebrado entre este e o fornecedor, o consumidor vê-se confrontado com um segundo contrato, juridicamente autónomo e com regras específicas, que desconhece.

Sobre este assunto, o Anteprojecto remete para uma secção distinta e autónoma, utilizando a terminologia "contratos coligados" embora, como veremos, pudesse ter ido mais longe, fazendo nomeadamente recair sobre as sociedades financeiras uma obrigação de intervenção "pré-contratual" e impondo até a impossibilidade de realização simultânea de ambos os contratos (de compra e venda ou prestação de serviços e de crédito), conferindo deste modo uma maior credibilidade às práticas comerciais em causa.

É nosso entendimento que quer nos contratos celebrados à distância quer nos contratos celebrados directamente nos estabe-

Comentários ao Centro de Arbitragem de Conflitos de Consumo de Lisboa... 181

lecimentos **só uma efectiva proibição** da celebração conjunta de contratos de crédito e de compra e venda permitiria uma maior reflexão por parte do consumidor sobre as condições do crédito, evitando a problemática existente.

Quanto ao teor do **Art° 230° n° 2** deverá também prever e estatuir que toda a **informação transmitida em suporte digital** deverá identificar claramente os objectivos comerciais do prestador, com observância dos princípios de boa fé. Além disso, toda a informação deve ser prestada em língua portuguesa, excepto quando o consumidor aceite recebê-la noutro idioma.

Quanto ao preceituado do **Art° 233° "Direito de livre resolução"** – O consumidor tem ainda o direito de resolver livremente o contrato à distância, o que significa que não tem de invocar nenhuma causa, sem que possa ser penalizado ou haver lugar a qualquer pedido de indemnização. **Porém, poderá não ser fácil fixar a data a partir da qual se contam 14 dias (úteis ou seguidos?): data da recepção das condições contratuais por escrito? Correndo-se o risco de dificultar a concretização do contrato.**

Quanto ao **Art° 234° n° 2 "Excepções ao direito de livre resolução"** – Entende-se que a excepção só deveria ter lugar desde que o operador provasse ter informado sobre as posições variações não controladas pelo fornecedor.

Secção VI

Dos Contratos em Especial

Subsecção I

Compra e Venda de Bens de Consumo

Da conformidade dos bens ao contrato (Art° 256° e ss) – ou "Da conformidade dos bens com o contrato"

Segundo a Jurisprudência do Tribunal Arbitral (contrariamente ao estipulado no **Art° 259°** do Anteprojecto), o consumidor tem direito à reparação da coisa nos termos do Art° 914° do C.Civil, dado tratar-se de coisa fungível e com defeito reparável.

Desde logo nos parece essencial discordar da solução adoptada no Anteprojecto, no que diz respeito à **possibilidade de o consumidor exercer, à sua escolha, o direito que entender adequado ao caso, numa situação de desconformidade com o contrato – reparação do bem, substituição do bem, redução equitativa do preço ou resolução do contrato.**

Com efeito, sabemos que, na maior parte das situações, o consumidor pretende desde logo a resolução do contrato, utilizando nomeadamente o argumento de que perdeu a confiança na manutenção do contrato.

Parece-nos que a consagração de tal possibilidade irá abrir a porta para a criação de um clima de instabilidade sócio-económica, contrariando o princípio geral de manutenção dos negócios jurídicos e promovendo a irresponsabilidade.

A jurisprudência do Tribunal Arbitral do Centro de Arbitragem de Conflitos de Consumo de Lisboa vai em sentido inverso, optando pela manutenção, sempre que possível, dos contratos, fazendo uso da garantia dos bens e da correspondente responsabilidade dos profissionais, aplicando as soluções consagradas numa óptica de razoabilidade e condenando situação que, muitas vezes, configuram abuso de direito.

Cremos que seja de manter o texto consagrado no nº 5 do Artº 4º do Decreto-Lei nº 67/2003, de 8 de Abril, salvaguardando a manifesta impossibilidade de exercício ou a constituição de abuso de direito, nos termos gerais.

Outra questão, actualmente bastante discutida e que ficaria assim esclarecida, é relativa à garantia dos bens, ficando claro que as peças ou os bens substituídos são acompanhados de uma nova garantia com um prazo idêntico ao da garantia inicial (alínea b) do **Artº 277º**), sentido da jurisprudência do Tribunal Arbitral do Centro.

Divisão V
Da assistência pós-venda (Artº 279º e ss)

Subsecção II
Concessão de Crédito

Uma nota para referir um possível lapso no **Art. 296º, nº 5**, onde ficou por estabelecer o montante da cláusula penal que o financiador pode exigir.

Artº 303º seria desejável uma maior responsabilização das SFAC/IFC na análise do "risco" no crédito ao consumo na mesma lógica em que surge a proibição de utilização de títulos de crédito destinados ao pagamento ou garantia das obrigações decorrentes de contrato de crédito.

Quanto aos "contratos coligados" (Artº 304º), reiteramos a necessidade de fazer depender a celebração do contrato de crédito financiador da aquisição de um bem ou serviço, de um lapso territorial e temporal em relação ao primeiro.

Subsecção III
Serviços Públicos Essenciais

A primeira questão que se nos coloca nesta secção prende-se com o facto de, como sabemos, a Lei nº 5/2004, de 10 de Fevereiro (Lei das Comunicações Electrónicas), ter expressamente excluído do âmbito de aplicação da Lei nº 23/96, de 26 de Julho (Lei dos Serviços Públicos Essenciais), o serviço de telefone. Terá estado na origem desta exclusão razões de tecnicidade complexas, derivadas em parte à liberalização do mercado das telecomunicações.

Ficamos sem saber se o que se pretende é reverter essa exclusão, caso em que seria necessário especificar se o serviço de telefone inclui apenas a rede fixa ou também a móvel.

Parece-nos que seria também oportuno clarificar algumas questões que são actualmente alvo de interpretação divergente, nomeadamente especificar o conceito de serviços "funcionalmente indissociáveis" (**Art° 319°**), bem como a redacção do n° 2 do **Art° 324°**, relativo à prescrição e caducidade.

Referimos que jurisprudência do Tribunal Arbitral do Centro de Arbitragem de Conflitos de Consumo de Lisboa vai no sentido de entender que a prescrição não tem lugar quando a facturação apresentada, apesar de valor inferior à que corresponde ao consumo efectuado, esteve na origem de uma impossibilidade objectiva de registo do consumo real (ex. impossibilidade de acesso ao contador).

Art° 324° "Prescrição e Caducidade" – Este preceito tem como objectivo a necessidade de assegurar que a facturação seja emitida de forma regular, evitando o acumular de dívidas que colocarão os consumidores/utentes numa situação de dificuldade face ao cumprimento da obrigação de pagamento. **Nesse sentido, entende-se que o prazo de seis meses se conta após a prestação do serviço e não após a emissão da correspondente factura** (p.e.: se o período de facturação se situa entre 13 de Maio e 13 de Junho, o prazo de prescrição conta-se a partir de 14 de Junho). E, a emissão da factura não tem como efeito a suspensão ou a interrupção do prazo de prescrição de seis meses, apenas funciona como interpelação ao devedor no sentido de este pagar o preço devido pelos consumos efectuados. **Neste enquadramento, a falta de pagamento do valor constante na factura, implica a mora do devedor nos termos do art° 805° do Cód. Civil, que poderá eventualmente conduzir à suspensão do serviço (art° 319° do anteprojecto).**

Entende o Mmo. Juiz do Tribunal Arbitral que "*A prescrição é um instituto que tem por finalidade punir a negligência das pessoas, neste caso dos credores, que por desleixo deixam de exigir as quantias que lhe são devidas*".

SUBSECÇÃO IV

Direitos de Habitação Periódica

Seria igualmente vantajoso que se uniformizassem os prazos para o direito de livre resolução do direito real de habitação periódica

(**Artº 340º**) e dos direitos de habitação turística (**Artº 358º**), de 10 dias úteis, com aquele previsto no âmbito dos contratos a distância e equiparados, de 14 dias seguidos.

No geral, entendemos que poderiam ser uniformizados os prazos para efeitos de resolução contratual, bem como a sua forma de contagem, já que se mantém 7 dias úteis para o direito de livre resolução em geral (**Artº 187º**), 14 dias seguidos para o exercício do direito de livre resolução nos contratos de venda a distância (**Artº 233º**) e 10 dias úteis para exercer o direito de livre resolução nos contratos de aquisição de direitos reais de habitação periódica (**Artº 340º**).

Temos vindo a constatar, de entre as reclamações apresentadas no Centro, que algumas empresas tentam enquadrar a sua actividade no âmbito dos direitos de habitação turística (venda de cartões de férias), quando efectivamente estamos perante situação que se enquadram no regime das vendas a distancia e equiparadas, apenas porque aquele regime estabelece um prazo mais curto de reflexão ao consumidor.

SUBSECÇÃO V
Das Viagens Turísticas e Organizadas

Quanto a esta secção, tendo em conta que se efectuou apenas uma transposição parcial do Decreto-Lei nº 209/97, de 13 de Agosto, na redacção que lhe foi conferida pelo Decreto-Lei nº 12/99, de 11 de Janeiro (e não 29 de Fevereiro como é referido), parece-nos que os direitos do consumidor se encontram suficientemente salvaguardados, nomeadamente no que respeita à informação prévia, a alterações contratuais, resolução e direito de revogação.

Sabemos que, na prática, se mantêm algumas situações de informação menos clara, falta de informação ou até de informação enganosa. Contudo, cabe ao consumidor denunciar essas situações e exigir sempre cópia do contrato de viagens organizadas, pois não está obrigado a aceitar todas as cláusulas que dele constem, antes podendo negociá-las livremente.

Título III
Do Exercício e Tutela dos Direitos

Capítulo II
Disposições Processuais Cíveis

Entendemos ser oportuna e adequada a introdução de uma obrigação de utilização prévia dos mecanismos de resolução extrajudicial que se encontrem instituídos (**Artº 535º**), bem como a previsão de isenção do pagamento, quer de taxas de justiça e de outros encargos nos processos em que pretenda a protecção dos seus interesses ou direitos, quer de custas em caso de procedência parcial da respectiva acção (**Artº 549º**).

Contudo, o Anteprojecto faz depender o exercício do direito de acção do recurso prévio apenas a serviços de mediação, comissões de resolução de conflitos ou provedores de cliente (Artº 535º, com remissão para Artºs 706º a 708º).

Parece-nos que, a estabelecer uma obrigação desta natureza, não faz sentido deixar de incluir, em primeira linha, os Centros de Arbitragem de Conflitos de Consumo, de natureza genérica ou específica, que supõem serviços de mediação com procedimentos e competências tendentes à resolução de conflitos de consumo.

Secção III
Acção Inibitória (Artº 558º e ss)

Uma medida que poderá vir reduzir a conhecida morosidade das acções inibitórias (em matéria de protecção dos interesses dos consumidores) até ao trânsito em julgado (aproximadamente 10 anos), será o requerimento de uma providência cautelar.

Título IV
Ver comentários iniciais

ÍNDICE

APRESENTAÇÃO 5

O ANTEPROJECTO DO CÓDIGO DO CONSUMIDOR E A PUBLICIDADE
José de Oliveira Ascensão 7

SOBRE O DIREITO DO CONSUMIDOR EM PORTUGAL E O ANTEPROJECTO DO CÓDIGO DO CONSUMIDOR
António Pinto Monteiro 37

ANTEPROJECTO DO CÓDIGO DO CONSUMIDOR
CONTRATOS EM ESPECIAL
Pedro Romano Martinez 57

A REPARAÇÃO DE DANOS CAUSADOS AO CONSUMIDOR NO ANTEPROJECTO DO CÓDIGO DO CONSUMIDOR
Luís Manuel Teles de Menezes Leitão 65

ARBITRAGEM DE CONFLITOS DE CONSUMO: DA LEI N.º 31/86 AO ANTEPROJECTO DE CÓDIGO DO CONSUMIDOR
Dário Moura Vicente 75

LINHAS GERAIS DO REGIME JURÍDICO DOS CRIMES CONTRA INTERESSES DOS CONSUMIDORES NO ANTEPROJECTO DE CÓDIGO DO CONSUMIDOR
Augusto Silva Dias 93

O ANTEPROJECTO DE CÓDIGO DO CONSUMIDOR E A VENDA DE BENS DE CONSUMO
Paulo Mota Pinto 119

A PUBLICIDADE NO ANTEPROJECTO DO CÓDIGO DO CONSUMIDOR
Adelaide Menezes Leitão 135

PRÁTICAS COMERCIAIS PROIBIDAS
Elsa Dias Oliveira 147

COMENTÁRIOS DO CENTRO DE ARBITRAGEM DE CONFLITOS DE CONSUMO DE LISBOA AO ANTEPROJECTO DO CÓDIGO DO CONSUMIDOR.. 175